세상을 뒤흔드는 힘, 웨이브

서종한 지음

WAVE

2015년 2월 17일 1판 1쇄 인쇄
2015년 2월 17일 1판 1쇄 발행

지 은 이	서종한
발 행 인	이헌숙
북디자인	김학용
발 행 처	생각쉼표 & 주)휴먼컬처아리랑
	서울특별시 영등포구 여의도동 45-13 코오롱포레스텔 309
전 화	070) 8866 - 2220 FAX • 02) 784-4111
등록번호	제 2009 - 000008호
등록일자	2009년 12월 29일

www.휴먼컬처아리랑.kr
979-11-5565-371-5

세상을 뒤흔드는 힘, 웨이브

서종한 지음

목 차

서 문   .6

1. 당신에게도 엄청난 웨이브를 일으킬 잠재력이 존재한다   .19

- » 특정 단서가 웨이브를 촉발시킨다   .22
- » 한 개인이 전 세계의 이목을 집중시킬 수 있다   .26
- » 무모한 도전이 아니라 유쾌한 시도를 감행하라   .36
- » 마법의 지팡이 잡기를 두려워하지 말라   .48
- » 세상이 당신을 중심으로 서서히 가동된다   .55
- » 관점의 차이가 놀라운 결과를 가져온다   .65
- » 필연적으로 일어나는 우연이 일어난다   .77

2. 웨이브현상을 뒷받침하는 근거들   .83

- » 티핑 포인트   .88
- » S자 곡선이론의 점프 업   .96
- » 클릭 모먼트   .109

3. 웨이브를 타기위한 필수 과정들 .121
- » 가슴이 끌리는 분명한 목적의식을 품어라 .126
- » 순수 의도를 가지고 임하라 .134
- » 내면의 안내자와 굳게 약속을 하라 .139
- » 아주 작아 보이는 현실의 신호를 소중히 대하라 .144
- » 시간의 굴레에서 벗어나라 .149
- » 예상치 못하는 상황을 계기로 연결시켜가라 .157
- » 우연을 가장한 필연들을 일으켜가라 .164
- » 기다림을 설렘으로 바꾸어라 .170

4. 웨이브 전 단계의 전조현상들 .175
- » 웨이브의 빅뱅과 흐름타기 .180
- » 입에서 입으로 전해지는 입소문 현상 .189
- » 열성적인, 열광적인 팬들의 증가 .193

5. 웨이브에의 접근을 가속화시키는 방법 .201
- » 거울 대면의 효과 .205
- » 핵 연쇄반응 효과 .210
- » 헤어 드라이 효과 .213
- » 파이프라인 효과 .215
- » 디딤돌 효과 .220
- » 에너지 응집 효과 .223

서문

    이 책은 나의 전작인 '튜닝'의 후속작이다. 한 평범했던 개인이 어떻게 비범한 인물로 세상의 무대에 전격 등장하게 되고 아무도 쳐다보지 않았던 그에게 어느 날 세상이 스포트라이트를 비추게 할 수 있었는지를 기존 성공 키워드와는 전혀 다른 관점에서 집중 조명해보는 책이다.

    그런 점에서 기존 성공학 관련 책들에서 접하는 그들과 당신과의 격차에서 오는 괴리감은 사라질 것이다. 대신 그 자리에 당신이 안락하게 틀을 둥지가 어딘가에 반드시 있고 그곳에서 성장해가는데 필요한 플랫폼의 잉태와 영양분의 조달에 힘써 나가면 세상밖으로 나올 채비를 마치고 아름다운 비상을 할 수 있다는 확신이 스며들 것이다.

    당신은 이 책을 읽어나가면서 세상이 알게 모르게 주입해놓은 관념의 족쇄를 스스로 풀어내야 한다는 것과 무수한 고정관념의 장벽을 무너뜨리는 진실에 가까이 가게 된다. 그것은 곧 당신의 답답한 가슴을 해방시키고 지금까지 마음(이성)이 나서서 주인역할을 해온것에서 영혼(가슴)에게 비로소 바톤을 인계하는 가슴벅찬 상황을 맞이하는 것이기도 하다.

　당신은 결국 자신을 되돌아 보게된다. 그리고 당신의 진정한 트루컬러를 발견하게 된다. 트루컬러는 당신의 생명력이다. 누구나 자신만의 독특한 컬러를 갖고 있기에 이 세상은 화려하고 다양한 색깔을 가진 꽃들로 만발한 낙원처럼 변모해갈 수 있다. 여기에 한가지 진실은 하나의 컬러가 다른 컬러를 능가하지 않는다는 사실이다. 그 자체의 컬러가 자신만의 독특함이자 자신을 있는 그대로 내보이는 모방할 수 없는 신조이다.

　당신의 성공 출발점은 바로 그곳에서 시작된다. 남과의 경쟁관계에서 시작하는 것도 아니며 최고가 되고자 긴장감의 끈이 연속되는 나날을 보내는 고생의 시작점도 아니다. 당신은 이 세상에 도전을 하기 위해 태어난 것이 아니기 때문이다. 만약 당신이 세상에 도전의식을 갖고 임한다면 패배의 연속된 쓴 잔을 분명 마시게 된다. 당신이 바라보는 성공의 창은 필사적인 노력끝에 주어지는 산물이라는 방정식을 공식처럼 받아들인것이다.

나는 성공이란 반드시 최선의 노력만으로 이루어지는 것이 아니라 오히려 정반대의 우연찮은 계기의 촉발로 연결되어 이루어진다는 것과 그 기저에는 '웨이브'라는 세상에 오래전 부터 존재해온 거대한 힘이 잠재해 있어 특정조건과 만나게 될 때 폭발적인 반응을 일으켜 소위 우리가 말하는 성공에 다다르게 한다는 점을 지적하고 싶다. 웨이브는 '세상을 뒤흔드는 힘'이다.

　당신은 그동안 목표의 중요성에만 집착을 해왔을 수 있다. 당신이 무슨 일을 하든 먼저 그 목표를 성취하려는 목적이 어디에 있는지를 정해야 한다. 단순히 목표만 이루면 모든 만사가 다 해결될 것이라는 꿈같은 망상에 사로잡혀서는 않된다. 동산으로 소풍을 가는 어린아이들의 마음은 소풍을 가기 전날 부터 흥분된 마음으로 들떠있다. 목표가 성취되면 아이들은 아쉬움을 뒤로한 채 다음에 또 가고 싶은 마음을 억누른다. 풀이 죽는 것이다.
　당신이 정한 목표를 찾았다면 그 목표를 왜 이루려고 하는가를 자문자답해봐야 한다. 즉, 목표를 정한 목적이 무엇인가를 진정으로 자신에게 물어봐야 한다. 그러면 당신은 남보다 빠르게 성공의 대열에 낄 수 있다. 좋은 결과는 당신의 이기심에서 나오지 않는다. 이기심의 비중이 커질 수 록 기대치는 높아지게 마련이고 결과는 당신의 기대를 훨씬 못미치게 될 것이다.

세상의 이치는 정반대로 돌아간다. 당신의 관점은 세상밖의 의도에 초점을 맞추어야 한다. 그들이 무엇에 반하는지는 그들의 관심이 어디에 있는가를 알 때 비로소 세상은 당신을 중심으로 서서히 돌아가기 시작한다. 바로 이 책에서 언급하는 웨이브가 그 역할을 한다. 웨이브는 특정조건이 형성되면 일어나기 시작한다. 특정조건이란 세상사람들의 트루컬러를 만족시키는 것이다. 트루컬러는 똑같지는 않지만 비슷한 계열의 색깔들로 묶어 패턴화 할 수 는 있다. 이 말은 당신이 추구하는 목적의식에 따른 목표에 반하는 잠재적인 열렬한 응원군이 도처에 잠재해있다는 것과 그들이 만족할 만한 동기부여를 제공해준다면 그들은 당신을 일약 스타로 만들것이다.

지금부터 성공이란 힘든 여정의 세상과의 무모한 도전과 경쟁관계가 아니라 설렘을 가지고 유쾌한 시도를 실행하는 것에서 뜻밖의 멋진 결과와 성공의 싹이 트게 된다는 것을 받아들이길 바란다. 당신이 태어나기 이전 부터 세상은 착실하게 당신이 선택하는 목표의 성취를 도울 준비를 마련해놓았다. 그럼에도 불구하고 당신은 무엇을 할까? 하는 선택하기를 주저한다. 자신의 컬러를 무시한 채 남들의 컬러에 눈을 돌리기도 하고 남들의 조각품을 따라 모방을 가하려 한다. 그럴 때 당신의 컬러는 파묻히게 된다. 당신의 존재가치가 있음에도 불구하고 투명인간처럼 남들의 눈에 인식되지 못한 채 지내게 되는 것이다.

당신의 트루컬러가 돋보일 수 있는 유일한 방법은 현재 덮어쓰고 있는 가면을 과감하게 벗어던져야 한다. 남들이 어떻게 볼까? 나의 약점이 드러나지 않을까? 이렇게 해야 남들이 알아주지 않을까? 하는 두려움과 염려, 근심을 불러 일으키는 마음의 작용에 휩쓸리지 않도록 해야 한다. 세상사람들은 당신의 트루컬러에 반하는 것이지 채색된 그럴듯한 컬러에 눈길을 주다가도 이내 다른 곳으로 발걸음을 옮기게 된다.

당신이 속한 세상을 뒤흔들 수 있는 힘은 웨이브에 맡기면 되지만 그 웨이브를 촉발시킬 원천적인 에너지는 당신의 트루컬러에서 나온다. 트루컬러가 변색되지 않기 위해서는 늘 가슴에서 전해오는 속삭임에 귀를 귀울여 보는 시간을 갖어야 한다. 지금 하는 일이 누구를 위한 것이며 당신의 트루컬러에 따라 제대로 이행해가고 있는지를 점검해가야 한다.

진정 자신이 정말 원하는 하고 싶은 일과 목표가 정해져 있다면 그것이 무엇을 위한 것인지 목적의식을 가져야 한다. 차를 몰고 간다는 것은 목적지가 정해져 있고 그 목적지에 가야하는 목적이 있기 때문이다.

같은 이치로 당신의 목적이 분명하고 원하는 결과를 이끌어내기 위해 청사진을 그리면 단 하나의 목표실현으로 가능한지 아니면 그 이상의 목표들을 성공시켜야 하는지가 나온다.

그러나 당신이 세워놓은 목표를 이루기란 현실에서는 힘난한 과정을 거쳐야만 한다. 냉혹한 현실속에서 살을 에는 찬바람을 맞으며 앞으로 나아갈 때도 있다. 그러다 청명하고 온화한 날씨를 맞아 모처럼 안락한 휴식을 취하는 뜻밖의 현실이 펼쳐지기도 한다.

그런가운데 당신은 한 가지를 깨닫게된다. 의심을 품는 막연한 기대와 바람은 자신에게 아무런 득이 되지 못하며 나를 기쁘게 하고 설레이게 만들고 열정을 불러일으키는 끊임없는 동기부여가 스스로에게 잠재된 능력을 가동시킨다는 사실을 알게된다.

이것은 마치 운전자 앞에 주행속도를 실시간으로 보여주는 계기판과 같이 작동한다. 당신의 주변현실에서 방해하는 온갖것들에 아랑곳하지 않고 목적지향의 가슴속 설렘에 따라 잠재능력을 과감히 행동으로 이행하며 방향을 전환해갈 때 속도계의 눈금은 상황에 따라 자동으로 조정되어 간다.

공평한 것은 현실에서는 그 누구도 예외없이 모든 상황이 실전상황으로 다가오기 때문에 당신이 신경을 쓸 것은 한 두가지가 아니다. 이런 가운데 당신이 어느 날 서있는 곳은 굳건한 바위위가 아니라 바람에 흔들리는 돗단배에서 방향을 이리저리 조정해가느라 바쁘게 된다. 강한 물결의 흐름을 탄 것이다. 목적지에의 도달은 뒷전으로 밀린다. 일단 현재의 사태를 해결해야 하기 때문이다.

물결이 강한 흐름을 타게 되면 강력한 힘을 가진 파도로 바뀌듯이 인생에도 잔잔한 물결로 흐르다가 걷잡을 수 없이 요동치는 풍랑을 맞을 때가 있다. 운 좋게도 당신이 지금까지 그런 상황을 피해왔다고 해서 마음을 놓아서는 안 된다. 앞으로 다가올 물결의 흐름이 어느 때 어떻게 당신에게 흐를지 예측할 수 없기 때문이다. 정확히 말하면 당신이 어떤 운명의 흐름을 타게 될지 장담할 수 없다는 것이다. 그래서 우리는 늘 한쪽 곁에 불안감을 달고 산다. 이 말을 결코 부정적 의미로 받아들이지 말라.

이 흐름은 분명히 존재하는 것으로 누구에게나 예외 없이 선택한 흐름에 편승하여 가고자 하는 방향으로 부단히 노를 저어간다. 그런데 당신의 배가 어느 순간 역풍을 받게 되면 걷잡을 수 없는 요동침으로 인하여 갈피를 못 잡는 상황으로 전개될 것이다. 반대로 순풍을 받게 되면 당신은 큰 힘을 들이지 않고도 수월하게 원하는 목적지까지 미끄러지듯 쾌속 질주하며 나아갈 수 있다.

이처럼 당신의 선택이 인생의 새 흐름을 그때그때 만들어내고 그 선택은 운의 방향을 틀게 한다. 세상은 당신에게 긍정적으로 보이는 결과와 부정적으로 비치는 결과를 보여주는데 당신의 관점에 따라 달리 보여지는 것이지 결코 당신에게 변덕을 부리는 것이 아니라는 점이다.

그렇다면 각자의 인생에는 적어도 잠재적인 가능성과 기회가 평등하게 주어져 있다고 볼 수 있다. 즉, 불운이란 없다는 것이다. 관점의 차이가 만들어낸 허상일 뿐 원인에 의한 결과법칙을 충실히 따르고 있다는 것이다.

주변 현실에서 일어나는 현상에는 당신에게 유리하게 작용하는 긍정적인 코드가 숨겨져 있다. 그 진실을 들여다 볼 수 있는 통찰력이 중요하다. 당신에게 진정 유익한 쪽으로 지속적인 순풍이 불기를 원한다면 낡은 규칙과 습관, 사고방식, 현실을 대하는 태도와 인식을 완전히 바꾸어야 한다. 그건 그다지 어려운 일도 아니며 당신에게 몇 가지 팁으로서 현실의 창을 바라보는 눈을 확 트이게 하는 작용을 할 것이다.

만약 현실의 흐름을 그 어떤 상황에서도 목적한 바의 의도한 끈을 놓지 않고 눈앞에 벌어지는 다양한 결과들을 목표로 접근해가는 연결고리로 순수하게 받아들인다면 당신의 의도로 추진하는것이 전혀 예상치 못한 방법으로 이루어지는 광경을 직접 목격하게 될 것이다. 즉, 당신이 취해야 할 태도는 현실의 흐름에 대한 예측이나 미래를 걱정스런 마음으로 불안해하는 것이 아닌 현 상황에서의 현실에 대한 인식과 태도를 분명하게 자신의 목적과 부합되고 있다는 확신이 흔들리지 않을 때 현실은 그 경로를 따라 그대로 움직여 줄 것이다.

이 책은 강력한 현실의 거센 파도의 힘에 맞서 무너지지 않고 저항할 수 있도록 하는 힘을 기르는 법에 대해 가르치는 것이 아니다. 현실의 파도는 당신이 감당할 수 없을 만큼 강력한 힘을 가지고 있다. 당신이 올려놓은 현실의 비중 척도가 높은 장벽을 만들어 놓듯이 스스로가 내려놓지 않는다면 그 장벽은 더욱 탄탄하고 견고한 벽으로 가로막고 있게 된다. 그러나 관점을 완전히 달리하여 그 엄청난 파도의 힘을 당신에게 긍정적인 상황으로 작용할 수 있게 한다면 그 힘을 충분히 역이용하여 목적한 바의 목표를 무리 없이 성취해낼 수 있다. 대신 당신은 현실의 파도에 균형을 잡아가며 가볍게 편승하는 약간의 기교를 터득하기 위한 수고를 마다하지 말아야 한다. 그 수고란 누구나 흔히 말하는 피나는 노력을 요구하는 것이 아니라 현실의 흐름을 정확히 직시하는 요령을 배우는 것이라고 말 할 수 있다.

당신이 겪는 그 모든 상황에서 초지일관 당신의 생각대로 이루어질 수 밖에 없다는 사념의 경로를 늘 일관성 있게 터주어간다면 모든 흐름은 그 경로를 따라가게 되어있다. 경로를 유지해간다는 것은 당신이 운명의 주인이 되어 수로의 흐름을 제어하듯 운명의 항로를 그때그때 틀어 간다는 것이다.

멋진 것은 세상의 흐름을 타고 갈 때 균형을 유지하며 방향을 제어하고 흐름을 갈아타는데 집중하면 마침내 당신은 수월하게 쾌속 질주하는 쾌감을 맛볼 수 있는 영광을 안게 된다. 그것은 바로 웨이브의 놀라운 저력이다. 웨이브가 몰고 오는 에너지의 크기는 엄청난 것이어서 당신이 그것을 백 퍼센트 활용하기 위해서는 그 힘에 완전히 밀착되어 균형 있게 움직여주어야만 한다. 즉, 서퍼가 집채만한 파도의 안쪽을 서핑보드에 얹혀 미끄러지듯 타고 갈 때처럼 당신은 큰 힘을 들이지 않고도 목표지점에 수월하게 도달하게 된다.

웨이브의 저력은 세상과 맞서 싸우고 힘을 소모하는 경쟁과 투쟁관계와는 반대로 세상으로 하여금 당신에게 힘을 실어주는 외부세계에 존재하는 배후에 있다. 이 힘은 외부에서 바라볼 때 특정인에게만 작용하는 것처럼 보이지만 당신에게도 부여되는 특권이다. 그 힘을 이용하기 위해서는 현실의 가속도에 중점을 두지 말고 현실의 방향 제어에 비중을 두어야 한다. 가속도의 조절은 웨이브가 알아서 해준다.

당신의 의식은 현실의 방향 제어를 위한 경로를 지속적으로 일관성 있게 터주어 나가며 유지하는 것에 중점을 두어야 한다. 경로가 눈에 보이는 것은 아니어서 악조건의 상황에서도 정신을 잃지 말고 경로를 유지해가면 주변 현실의 상황은 당신에게 꼭 필요한 그것을 얻도록 하기 위해 당신을 중심으로 돌아가기 시작한다. 그 과정은 주변 세상이 마치 당신을 돕기 위해 서서히 가동하는 모습처럼 보이게 된다. 당신이 예측할 수 없는 방식으로 어느 날 절호의 기회가 우연처럼 다가오거나 때를 맞춰 일이 풀려나가기 시작한다. 그러면 당신은 끝까지 막대한 에너지를 쏟아내지 않고도 세상이 당신에게 빗장을 활짝 열어젖히는 특권을 부여하는 것처럼 느껴지게 만든다.

바로 웨이브에 접근하고 있다는 신호탄이다.

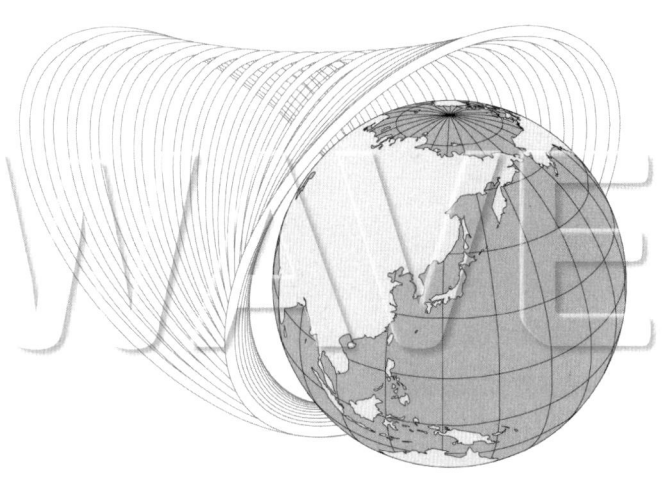

1

당신에게도 엄청난 웨이브를 일으킬 잠재력이 존재한다

WAVE

『누구나 현실에 대한 관념을 확고한 자신감위에 최선의 노력과 의지로 인내해야만 성공에 다다를 수 있다고 세상으로부터 주입을 받아 왔다. 수많은 사람들은 그런 관념 속에 자신을 스스로 속박해왔고 모든 것에서 자신과의 일정거리를 두게 만들었다. 자신의 인생을 각자의 의무감이란 짐으로 받아들이면서 양옆의 어깨는 목표라는 무거운 짐으로 늘 짓눌려 있다. 진정 어깨를 짓누르는 짐을 내려놓을 돌파구는 없는 것일까? 그동안 당신의 목표는 거짓 목표일 수 있었다.

수 많은 것 중에 당신이 강렬하게 흥분할 만한 목표를 찾아낼 수 는 없을까? 세상은 매일 매일 새롭게 당신 앞에 깜짝 쇼를 펼치지만 당신은 그저 구경꾼으로 관망만 해왔었다면? 그런데 다른 사람들은 이 세상이 벌리는 매직게임에 참여를 하고 있다. 그리고 운 좋게도 던져진 주사위는 기막히게 원하던 행운의 숫자를 만들어 냈다. 그들은 의외의 곳에서 그렇게 성공을 거머쥔다. 이제 당신도 그런 주인공이 될 수 있다. 세상의 무대에서 남들의 이목을 집중시키는 목적을 성취하기 위한 당신만의 유일한 게임이 분명히 존재한다.』

특정 단서가 웨이브를 촉발시킨다

1970년대 초 음악의 본고장인 미국에서 판매된 음반실적이라곤 단 6장 밖에 팔리지 못한 한 무명가수가 있었다. 앨범 재킷에는 그의 인물 사진만 박혀 있었고 그에 대해 아는 사람은 전혀 없었다. 언론에 기사화 된 적도 없었으며 그는 그렇게 잊혀지면서 사라지는 듯 했다. 그는 어렵게 앨범을 낸 이후에도 이렇다 할 만한 수입을 기대하지 못한 채 수입이 변변치 않자 하는 수 없이 막노동판에 나가기 시작했다. 단순 노동은 물론 오물 청소와 건물 철거 및 수리 등 돈을 벌 만한 것들은 마다하지 않고 닥치는 대로 일했다. 검소한 생활에 말이 별로 없던 그가 극심한 생활고로 인해 음악에서 은퇴하면서 빈민 노동자로서의 삶으로 전락했다. 딸들은 일을 나갔다 집으로 돌아온 아버지의 옷에 묻은 페인트 칠과 먼지, 각종 오물로 덕지덕지 더러워진 모습을 매번 익숙히 보아왔다. 그런 참담한 생활속에서도 그의 가슴에는 음악과 노래에 대한 열정이 식지 않고 남아 있었다. 그러던 어느 날부터 그가 이 세상 사람이 아니라는 흉흉한 소문이 퍼져나갔다. 본인도 모르는 채 그는 무대에서 휘발유를 뿌리고 분신자살을 했다, 약물의 과다복용으로 죽었다, 감옥에

투옥되었다고 하는 어처구니 없는 소문으로 그는 음악의 한 장르에서 완전히 사라진 인물이 되어버렸다.

그런 가운데 놀라운 기적적인 일이 머나 먼 다른 나라에서 소리 없이 벌어지는 기현상이 일어났다. 먼 남아공에서 그의 앨범이 수 십 만장이 팔려 나가는 기적이 일어났다. 더욱 놀라운 사실은 남아공에서 본인의 노래가 열풍이 불고 있다는 사실을 1998년이 될 때 까지 본인만 까마득히 모른 채 지내왔다는 사실이다. 그는 남아공으로부터 어떠한 연락도 받지 못했다. 당시 남아공 정부는 인종차별이 심했으며 TV조차 없을 정도로 보수적이고 모든게 제한되고 검열이 심했던 시기였다. 군사정권과 흡사한 가혹한 억압과 탄압에서 그의 노래에 담긴 저항정신의 표명은 그들에게 탈출구를 열어주는 슈퍼 히어로서 반항의 희망 아이콘으로 급부상하게 되었다. 나중에 확인된 사실에서 그의 앨범이 남아공에서만 지난 25년간 수 백 만장이 팔렸다고 한다. 그의 이름은 단 두 장의 정식 앨범만 내고 사라진 인물인 로드리게즈 *Rodriguez* 이다. 아마도 당신에게는 그의 이름이 무척 생소할 것이다.

그의 인생은 다큐 영화 < 서칭 포 슈가맨 > 로 만들어지기까지 했으며 2012년 선데스 영화제에 출품되기까지 했다. 어떤 연유로 비운의 가수였던 그의 노래가 남아공에서 엄청난 반향을 일으킨 것일까? 거대한 웨이브를 촉발시킨 결정적 단서는 한 미국인 소녀로부터 시작되었다. 남아프리카 공화국 케이프타운의 남자친구를 만나러 온 미국인 소녀가 그의 앨범을 가지고 오자 앨범이 마음에 든 그녀의 친구들은 앨범을 사려고 했지만 구할 수 가 없어 결국 녹음을 해서 나눠가졌다. 그것이 시초가 되어 그 후 그의 앨범은 비공식적으로 약 50만 장 이상의 판매가 일어났다.

  1998년 3월 6일, 그가 자신도 몰랐던 엄청난 앨범판매 수익을 한꺼번에 거두어 드리려는듯 마침내 그에게 일생일대의 성대한 무대 자리가 마련되는 계기가 찾아왔다. 자신의 노래가 히트 친 남아공의 제일 큰 콘서트 스타디움에서 전회 매진이 되는 폭발적인 공연이 여섯 차례나 이어졌다. 두 시간 정도의 사인회를 가지면서 많은 팬들이 CD에 그의 사인을 받아갔다. 그는 미국에서 천대를 받았으나 지구 반대편의 나라에서는 국민적 영웅으로 추앙을 받았다. 팝 역사상 가장 신비에 싸인 가수이면서 아무도 알아주지 않았던 무명 가수였으나 그의 노래와 가사가 마침 남아공의 장기 탄압에 따른 국민들의 저항과 맞물린 가운데 한 소녀의 앨범구매가 삽시간에 온 국민에게 퍼지게 하는 촉발인자로 작용했다.

  이 책은 이처럼 기구했던 한 개인의 어두웠던 인생 단면을 엿보면서 현실에서 도저히 예측할 수 없는 놀라운 일들이 어떻게 일어나게 되며 그것을 촉발시킬 수 있었던 배후에는 무엇이 작용해 성공의 길로 들어설 수 있었는지 파헤쳐 볼 것이다. 당신은 이 책을 통하여 한 개인이 아주 사소한 계기로 인해 도화선에 불을 붙여 전 세계의 이목을 집중시키거나 평범한 시도가 단기간안에 엄청난 성공을 가져올 수 있었고 또한 당신에게도 그와 같은 일들이 실제 일어날 수 있다는 것을 각인시켜 줄것이다. 당신의 성공인자인 특정 DNA가 잠재의식속에 깊이 숨겨져 있음을 스스로 발견하게 될 것이라는 인도를 받을 것이다. 당신은 그것을 수줍어말고 과감히 끄집어내어 동기부여를 일으켜가길 주저하지 말아야 한다. 그러기 위해서는 꺼리낌없는 실행으로 이어지는 분명한 목적의식을 품어야만 한다. 그러기 위해서는 일회성의 떠도는 생각에 잠시 잡히는 것이 아니라 가슴의 울림에 이끌리는 내면의 신호를 따라가야 한다. 이 책은 성공학의 특별한 방정식을 알려주지는 않는다. **대신 성공이 생각지도 못한 의외의 곳에서 특정 단서의 시동에 의해 일어나고 그것이 거대한 웨이브를 일으킬 수 있는 촉발의 근원으로서 잠재적인 고농도로 응축된 에너지를 품고 있음을 일러줄 것이다.** 나는 또 이 세상이 합리적이고 이성적인 것만이 지배하고 있지 않다는 것을 여실히 보여줄 것이다. 오히려 엉뚱한 실수와 번개같이 스치는 영감, 재미와 호기심이 불러일으킨 순수한 시도, 벼랑 끝의 절박함에서 솟아난

배짱으로 세상에 우뚝 선 그들의 이야기에서 세상과의 도전이 아닌 유쾌한 시도가 그들을 반석위에 올리게 했다는 것을 소개할 것이다. 평범한 사람들과 달리 천재들은 그런 시도를 수없이 한 것이다. 세상은 그런 자들의 순수의도를 기꺼이 허락하게 만드는데 그들은 이 세상에 나름대로의 공헌을 하기 때문이다.

한 개인이 전 세계의 이목을 집중시킬 수 있다

포루투갈의 어촌마을인 나자레 해안은 길이 200km에 깊이가 4.8km에 달한다. 그런데 이곳에서 가을과 겨울이 오면 대서양의 세차게 몰아치는 바람과 수중협곡, 조류탓에 거대한 파도가 생긴다. 파도의 높이는 무려 30m에 달한다. 이 엄청난 장관을 보기 위해 세계각처에서 수 많은 관광객들이 찾아오기도 하지만 진작 이런 장소를 열광하며 선호하는 사람들은 따로 있다. 바로 파도타기의 명수인 서퍼 *surfer* 들이다. 그들에게는 더 없는 최상의 조건을 갖춘 최적의 장소이기 때문이다. 이처럼 제 아무리 멀리 떨어진 곳이라 할지라도 최적의 조건을 갖춘 곳이라면 입소문에 의해 어떤 방식으로든 찾아오게 된다. 마찬가지로 당신의 둥지가 최적의 조건을 갖춘 자리로 자리매김을 할 때까지 스스로 행복감에 젖어 추진해가보라. 결코 서두르지 말며 비교하지도 말고 당신의 가슴이 이끄는 대로 만들어가라. 그러려면 당신의 것이 최상으로 작동되기 위한 특정조건들이 무엇인지를 차근차근 정확히 간파해가야 한다. **최상은 완전함을 뜻하는 것이 아니다. 최상이란 최적의 조건을 갖춘 상태를 말한다.**

당신이 목표를 완성시키기 위한 특정조건들을 알아내었다면 최적의 상황에 들어간 상태인지는 당신이 신경을 쓰지 않아도 나중에 저절로 알게 된다. 일단 시작을 했다면 특정조건들에 초점을 맞추고 마치 퍼즐게임을 하듯 한 조각 한 조각을 끼워넣어 완성되어감을 만끽해보라. **당신은 누군가와 경쟁을 하는 것도 아니고 경쟁대열에 끼는 것도 아니다.** 당신이 목표를 추진중에 타인의 이목을 신경쓴 나머지 마음이 자꾸 개입하려는 성질이 일어난다면 실패의 두려움이 앞서기 때문에 일어나는 자연스런 현상이니 기대를 꺼버려라. 당신의 기대가 세상이 기대하는 것을 충족시켜 나가면 당신의 기대치를 훨씬 뛰어넘는 놀라운 결과들이 곳곳에서 벌어지고 있음을 볼것이다. 무엇이 세상에 어필할 수 있을까를 생각지 말고 그들 개개인들이 정말 원하는 것과 그들에게 도움이 되는 것, 유익한 것이 무엇인지에 초점을 흩트러뜨리지 말아야 한다. 그들은 접한 대상이 자신이 생각하는 기대치보다 더 많은 혜택을 받고 있다고 여길 때 스스로 당신의 아군이 되어줄 것이다. 아울러 목표의 가치는 한층 더 빛을 발할 것이다. 그들에게도 생각할 시간적 여유를 줘라. 그들에게는 두 가지 중에 한가지를 선택하기 위해 지켜보는 습관이 있다. 반응이 일어나기까지 남들은 어떤 반응을 보일까 하는 솔깃한 생각을 마음 한 구석에 담고있다가 남들이 비로소 열렬한 관심을 표하면 그때가서야 자신의 표를 던지는 잠재적인 응원군들이다. 단도직입적으로 말하지만 당신이 이루고자 하는 목표가 목적이 되어서는 않된다. 목표는 목적을 성공적으로 성취하기 위해 필요한 단계적인 디딤돌이다. 따라서 목표는 끊임없이 변화되고 발전되어 다듬어지면서 창조되어야 한다. 하나의 목표가 당신의 최종 완성작에 그친다면 그 목표의 생명력은 오래가지 못하게 된다. 이 세상에 첫 발을 디딜 당신의 목표가 산책과 조깅을 하기에 가볍고 탄력있는 운동화처럼 언제든 필요시 쓰임새를 갖는 타인의 목적에 부합되도록 만들어라. 당신의 목표는 타인의 목적에 속한다. 타인들은 당신의 목표를 가지고 자신이 필요로 하는 것에 활용한다. 단지 그것뿐이다.

　이 세상은 분명 희한한 매직 게임이 곳곳에서 연속적으로 펼쳐지고 있다. 그런데 이 게임은 기존 매직과 달리 속임수를 쓰지 않고 관객이 구경만 하는 게 아니라 자신이 펼치는 게임을 남들에게 선보임으로서 그들로 하여금 직접적으로 참여하게 만든다는 것이

다른 점이다. 그들은 게임에 흠뻑 도취되어 동참하고 열광하며 박수를 치고 행복감을 만끽한다. 때로는 감동에 젖어 눈물을 흘리기도 하며 기꺼이 팬이 되어 자신의 분신처럼 늘 생각 속에 맴돌며 기뻐한다.

당신은 지난날 그런 때가 있었으리라. 당신이 이제 구경꾼으로 남아있지 않고 잠재력을 끄집어내어 아무런 의심없이 마음껏 발휘해간다면 남들의 이목을 집중시키는 당신의 행동에 자연스럽게 시선이 모아지게 될 것이다. 역설적으로 말하면 **당신이 목적을 위해 취하는 일련의 행동들은 남들의 이목에 전혀 신경을 쓸 필요가 없다.** 당신의 일을 추진하는 과정 중에 주변사람들이 어떤 시선을 보낼지를 신경 쓰는 태도는 당신의 의욕적인 추진에 방해만 될 뿐이다. 그건 당신의 신조를 꺾을 뿐더러 진정한 도움도 되지 못한다. 그들은 그저 구경꾼으로 남아있기를 주저하지 않기에 늘 비판과 평가를 입에 달고 산다. 한 가지 당신에게 비밀을 전한다면 그들도 역시 당신에게 관심을 두고 있지만 겉으론 그것을 표면적으로 억제하려는 마음이 앞서고 있어서 다른 방식으로 표현하는 것이다. 그들은 또 남들에게 그같이 전할 것이다. 그리고 당신을 줄곧 지켜볼 것이다. 당신이 균형을 잃지 않고 앞으로 줄곧 나아갈 수 있을지를 말이다.

당신이 할 일이란 자신이 선택한 것에서 열정이 일어나는 기쁨이 꺼지지 않도록 늘 주의를 그곳에 집중하고 있어야 한다는 점이다. 당신과 그들의 차이점은 바로 초점의 대상이 다르다. 그들은 당신에게만 초점을 두고 있지만 당신의 초점은 정말 성취하길 원하는 목표를 지향하고 있다. 그들이 당신의 작품을 처음부터 바라봐주길 원하지도 말고 기대하지도 말라. 작품이 완성되면 그들은 호기심을 가지고 그제야 당신의 작품에 눈길을 돌리게 된다. 언제나 당신에게 반하는 응원군은 도처에 있게 마련이니 그들이 대신 작품성을 전파하는데 앞장 설 것이다. 절대 친구나 지인에게 먼저 선보이지 말라. 그들에게서 당신이 정말 듣고 싶은 친밀한 말을 해줄 거라고 기대하지도 말라. 그들은 당신에게 처음부터 아군이 되지 못한다. 오히려 이러쿵 저러쿵 장황한 말들을 늘어놓을 것이다. 선보이고 평가받고 싶더라도 나중에 보여라. 당신의 마음은 때로 불안감에 휩싸여 선택한 것이 정말 잘한 것인지를 보장받고 싶어하겠지만 그 어떤 것이 당신을 스타반열에 올려놓을 지는 아무도 모른다. 오히려 그들은 나중에 당신이 성공의 웨이브를 타기 시작했을 때 놀라워하며 부러움의 대상으로 응원의 박수를 아낌없이 보낼 것이다.

　당신은 이 한 가지를 미리 알아두어야 한다. **이 세상은 자신에게 관심을 가지게 하는 무엇에 가벼운 호기심을 보이기도 하지만 특히 남들이 주목하는 관심사에는 더욱 지대한 호기심을 가진다는 사실이다. 이 점을 잘**

활용하라. 그들은 그 점에서 왜 남들이 그것에 관심을 가지고 있는지를 신뢰 하기 때문이다. 그 이유는 당신이 미처 보지 못한 관점의 시야가 다른 사람들에게 의해 발견될 때 가슴이 뛰기 때문이다. 어째서 당신은 그런 관점의 시야를 남보다 먼저 갖지 못했을까? 원인은 아주 단순명료하다. 애초부터 평소 당신은 그런 것에 관심을 두지 않았거나 남들이 주목하는 것에 무관심하게 대해왔던 것이다. 그러다가 어느 날 당신의 호기심을 자극하는 어떤 직접적인 계기가 일어남으로서 그것에 관여하게 된다. 이전까지는 그러한 일들이 당신과는 무관한 것처럼 보였지만 당신이 본격적으로 행동개시를 할 때 당신의 무의식은 의식적으로 접근하려는 과정을 통과하여 시야를 확 트이게 하기 때문이다. 전에는 눈 뜬 채로 의식이 반쯤 잠든 상태에 머물고 있었고 게다가 외부에서 일어나는 일들에는 외면한 채 오직 자신의 생각에만 골몰해 있었다. 이제 그 틀을 깨야 한다. 당신의 성공은 한 곳에 골똘히 몰두한다고 해서 이루어지는 일이 아니라 바깥세상의 바람을 등지고 그 힘을 받아 여세를 몰아가는 방향의 조율에 눈을 떠야 한다. 나중에 당신이 쏟아낸 노력은 웨이브의 강력한 힘에 비하면 아주 미미한 에너지만 들어갔음을 깨닫게 될 것이다.

  2006년 20대의 한 젊은 청년이 무려 2조원에 달하는 천문학적인 액수의 돈을 하루아침에 벌어들이게 되는 기적같은 일이 일어났다. 더욱 놀라운 것은 그가 27살인 2005년 4월에 일을 시작하여 일 년 만인 다음 해에 자신이 만든 것을 16억5,000만 달러라는 거금에 매각했다는 사실이다. 그의 나이 불과 28세에 재벌이 된 것이다. 그가 바로 당신도 너무나 잘 아는 세계적인 동영상 공유 사이트로 알려진 유튜브(You tube)를 만든 장본인인 스티브 첸 *Steve Chen* 이다. 세계 최고의 인터넷 검색엔진인 구글 *Google* 에 매각하면서 억만장자가 된 그에게 타임지는 2006년 올해의 인물로 '당신(You)'을 뽑으며 "유튜브가 위키피디아, 마이스페이스 등과 함께 사회 공동체를 만들고 세상을 바꾸고 있다"고 평가했다. 그가 어떻게 단기간 안에 도저히 믿기 힘든 엄청난 성공을 일으킬 수 있었을까?

잠시 유튜브가 어떻게 세계적인 동영상 사이트로 군림할 수 있었는지 그의 성공 스토리로 들어가 보자. 유투브의 '유(you)'는 모든 사람을, '튜브(tube)'는 텔레비전을 뜻한다. 즉, 모든 사람이 시청자이자 제작자가 되도록 하겠다는 그의 희망이 회사명에 고스란히 담겨있다. 처음부터 그는 유튜브를 철저히 동영상에 집중하는 사이트로 키우기로 결심했다. 2005년 6월 사업을 시작한 2개월 뒤 첸은 "유튜브 사용자들이 다른 사이트에 우리 콘텐츠를 얼마든지 퍼 나르게 하겠다"고 결정했다. 또한 유튜브에 로그인을 하지 않고도 링크를 통해 누구나 바로 볼 수 있도록 하는 편리한 유저 인터페이스를 만들었다. 이 결정으로 유튜브는 급성장 기반을 마련했다. 사용자들은 마이스페이스 등 다른 SNS를 통해 유튜브의 동영상을 퍼뜨렸다. 첸은 이를 통해 막강한 광고 효과를 기대한 것이다. 동영상 유통을 무제한 허용했기 때문에 별도의 마케팅도 필요 없었다. 사용자들은 콘텐츠를 직접 생산하고 알아서 홍보를 해줘 마케팅 부담이 대폭적으로 줄었다. 이어 2005년 11월에는 유명 벤처캐피털인 세쿼이아캐피털로부터 350만 달러의 투자금을 받았다. 이 돈은 서버와 데이터센터를 구축하는 데 쓰였다. 2006년부터 회원수가 급증하기 시작해 매일 수 만명이 신규 회원으로 가입했다. 시사주간지 타임은 "유튜브가 동영상 업계의 월마트가 됐다"고 평가했을 정도다. 이 말은 유튜브가 보고 싶어하는 모든 동영상을 보유하고 있기 때문에 그냥 들어가서 찾기만 하면 된다는 얘기였다. 2006년 유튜브 이용자가 폭발적으로 급증하자 첸은 회사를 매각하기로 결심을 한다. 이용자가 많아질수록 더 많은 컴퓨터 서버를 마련해야 하는 것이 큰 부담으로 작용했기 때문이다. 마침내 거대 IT기업인 야후 *Yahoo* 와 구글이 인수하겠다고 나섰다. 첸은 회사 매각에 오래 고민하지 않았다. 매각작업을 시작한 지 닷새 만에 유튜브를 구글에 팔기로 최종 결단을 내렸다. 이로써 유튜브는 16억5,000만 달러에 구글에 최종 인수되었다. 구글은 유튜브의 글로벌 전략을 적극 지원했다. 유튜브는 2007년 영국, 브라질, 포르투갈 등 15개국에 진출해 현재 전 세계 22개국을 넘는 국가에서 서비스하고 있다. 2010년 기준으로 유튜브의 하루 동영상 검색 횟수는 20억 회를 넘어섰다.

   그에게 따라준 대박은 어처구니없게도 아주 단순한 계기가 그를 움직이게 하는 촉발을 일으켰다는 점이다. 그가 유튜브를 본격적으로 만들기 위해 시작하려고 했을때 동영상에 대해 아는 것은 거의 없었다. 그러던 어느 날 그에게 시선을 집중시킨 이벤트가 현실에서 일어났는데 그는 "슈퍼볼 공연에서 재닛 잭슨의 가슴 노출사고가 있었는데 그 영상을 찾기가 너무 어려웠어요. 이걸 우리가 대신 찾아주면 사람들이 얼마나 고마워할까, 그 정도 생각에서 출발했던 거죠."라고 서스름없이 말했다. 그에게 인생역전이 일어날 수 있었던 사건은 단순한 동기가 그를 움직이게 했고 오늘날 전세계인들이 애용하는 대표적인 동영상 고유사이트로 군림하게 되었다. 대체 무엇이 세상으로 하여금 그에게 파격적인 대가를 지불하게 만든 것일까? 지극히 정상적인 상식에서 바라보면 도저히 있을 수 없는 일이 벌어진 것이다. 어쨌든 그는 남들이 말하는 대성공을 했고 현재는 다른 인터넷 기반 사업을 새로이 추진 중에 있다.

   당신에게는 그가 큰 돈을 거머쥔 행운이 따라준

젊은이라고 생각되는가? 아니면 천운이 따라준 1%에 속하는 성공자로 여겨지는가? 그는 어떤 거창한 계획과 여유 있는 자본금, 특출한 인맥이 깔려 있었던 것도 아니다. 젊은 나이에 단순한 호기심이 그의 발동을 걸었고 무모한 도전이 아니라 자신이 겪은 불편했던 점을 자신이 한 번 개선해보겠다는 마음가짐으로 도전이 아닌 시도를 한 것 뿐이다. 그는 언론사와의 인터뷰에서 "페이팔(유튜브 창업이전 몸담았던 온라인결제시스템회사)에서도 마찬가지에요. 다들 온라인결제가 뭔지도 잘 몰랐지만, 꼭 필요한 아이디어였고, 그래서 덤볐고, 그래서 해냈던 겁니다."라고 했다. 이어 그는 "모두 다 갖춰서 시작한다는 것은 이미 시작이 아니다. 아니, 다 준비되고 나서 시작하겠다는 것은 시작하지 않겠다는 것과 같은 말이다."라고 말했다. 아무런 준비도 없이 시작한 첸은 유튜브로 세상을 완전히 바꾸어 놓았다. 첸은 자기가 가장 잘 할 수 있는 것이 '문제를 찾고 해결하는 것'이라고 했다. '세상에 없는 새로운 것을 만든다'는 거창한 것도 아니고, "실제 삶에 있어서 불편하고 힘든 문제를 해결하는 것"이라고. "정말 내가 진짜 원하는 게 무엇인지, 내가 가장 잘 할 수 있는 게 무엇인지, 고민했죠. 뭔지 아세요? 바로 문제를 찾고 해결하는 것이었어요." 그러면서 그는 "많은 사람들이 저한테 와서 한참 아이디어를 설명하고 나서는 이렇게 말해요. '이제 어떻게 해야 하는 거죠?' 아니 어떻게 해야 하다니요? 정답은 분명하거든요. 그냥 직장 그만두고 나와서 회사를 만들면 됩니다. 해답은 뻔해요. 그런데 사람들이 그렇게 못해요. 실패할까 무섭거든요. 그래서 말씀드리고 싶은 겁니다. 실패할까 두려워하지 말고 일단 한번 해보라고 말이죠"

당신은 첸의 성공담에 지금 어떤 느낌을 받는가? 그가 남들이 시도 안한 아이템을 찾았기 때문에 그런 성공을 거두었다고 보는가? 아니면 기존에 없었던 사이트를 만들었기에 아이디어가 뜨게 되었다고 여기는가? 나는 당신이 보는 관점과는 전혀 다른 각도에서 이 물음에 답하고자 한다. 그는 반드시 성공하고자 하는 열정으로 큰 기대를 품고 사업을 전개하려는 의도로 도전한것이 아니라는 점이다. 그에게는 애초부터 시작할 당시 아무런 준비도 제대로 되어 있지 않은 상태에서 막연한 호기심과 흥미로움에 이끌려 도전이 아닌 시도로서 도화선에 불을 댕겼다는 것이다.

무모한 도전이 아니라 유쾌한 시도를 감행하라

웨이브가 일어나는 근원의 배경에는 촉발의 힘이 숨겨져 있다. 촉발을 일으키는 단서는 시도에서 비롯되어 진다. 문제는 대부분의 사람들이 무슨일을 할 때 시도를 감행하기를 주저한다는 점이다. 그것은 부정적인 의식(Negative Mental)이 앞서기 때문이다. 불안과 두려움, 그리고 기대치의 올려놓음이 당신의 결정을 혼란스럽게 만든다. 당신의 생활태도와 마음의 진정한 혁신을 가져오려면 무엇보다 먼저 긍정적인 의식(Positive Mental)이 몸에 배어야 한다. 달리 말하자면 흔들리지 않는 강한 믿음을 갖도록 하는 것이다. 불안과 두려움을 초래하는 부정적인 힘에 압도되어서는 현실의 장벽을 더욱 두껍게 할 뿐이다. 누구에게나 감당해야 하는 현실의 무게가 있다. 장벽 허물기는 의외로 간단하게 해결될 수 있다. 당신이 현실의 장애물로 작용하는 장벽 쌓기를 허용하지 않는다면 현실을 바라보는 당신의 창은 항상 맑음을 유지할 수 있다. 깨끗한 유리창은 바깥 세상의 현실을 그대로 보여주지 않던가? 그래야만 현실의 깊이 정보까지 흡수하여 올바른 판단과 선택을 할 수 있고 그렇게 함으로서 당신은 남들보다 거침없이 앞으로 나아갈 수 있는 창조적인 힘을 갖게 된다.

미국 캘리포니아주 팰로앨토에 위치한 스탠퍼드 대학의 디자인 스쿨 천장에는 "어떤 것도 실수라 불릴 수는 없다. 승리나 실패도 없으며 오직 창조만 있을 뿐이다." 라고 글귀가 새겨져 있다. 즉, **생각을 디자인해야 한다**. 흩어진 생각들을 모아 정리를 해보라. 어느 날 떠오른 영감이 당신에게 기회로 작용하게 하려면 그 영감이 확신으로 다가와야 한다. 확신을 가져오게 하는 힘은 당신에게 기쁨이 샘솟듯 일어날 때에만 가능해진다. 당신이 정말 하고 싶은 일이 있다면 주변의 당장 필요한 것들에 눈길을 돌리지 마라. 대신 당신이 할 수 있는 최소한의 시도를 주저하지 말고 밀고 나가라. 가장 최초의 것은 아이디어 발상의 정립이 될 것이다. 구체화되는 비즈니스 모델을 처음부터 돈을 벌기 위한 수단에 생각의 초점을 맞추지 말아야 한다. 그 목표가 현실에 얼마만큼 녹아들어 갈 수 있는지에만 초점을 두게 되면 당신의 목표 수익을 능가하는 갑절의 부를 얻게 될 것이다.

    이제 잠에서 깨어나 기지개를 활짝 펴봐라. **세상이 주입해놓은 관념과 당신이 대하는 현실감각을 새롭게 정립해간다면 당신은 조만간 주저 없이 행동을 개시해 힘들고 무겁게 도전하는것이 아닌 유쾌한 시도를 감행할 수 있다.** 아시다시피 앞서간 사람들은 '도전'이라는 단어를 곧잘 인용해가며 자신도 역시 그런 과정을 거쳐 왔다고 주입을 시켜왔다. 당신은 아직도 이 세상이 험하고 갈 길이 멀며 손아귀에 힘이 잔뜩 들어간 채 매사 도전의식으로 임하고 있었으리라. 당신이 세워둔 목표도 그렇고 어깨에 짊어진 여러 개의 짐들도 당신을 짓누르고 있지는 않은지? 스스로 적진의 전투장에 들어간 병사처럼 극도의 긴장과 지속적인 스트레스 속에 자신을 가두어 놓게 되고 단 한 번의 실수도 용납할 수 없는 상황 속에 몰아넣고 있다면. 이런 상황 속에서는 패배자로 남거나 승리자가 되건 둘 중의 하나밖에 없다. 또한 승리를 맛보기위해서는 그에 따른 희생이 따라주어야 한다. 기력의 저하와 역경을 헤쳐나가는 힘듦으로 인해 패배의 잔을 들 수밖에 없다면 당신은 또 기력을 회복하여 조만간 도전을 하게 될 것이다. 그렇게라도 한다면 다행이다. 의욕이 아직도 살아있으니 다행인 것이다. 몇 라운드까지 갈지 모르겠지만. 당신은 이 세상과 도전하기 위해 링 위에 선 선수가 아니다. **도전의식은 언제나 당신의 진을 한 방울까지 다 빼게 하도록 유도한다.** 기필코 달성하리라는 도전이 아니라 가벼운 시도를 하듯 행하라. 반면 **시도는 기대감과 설렘을 유도한다. 시도의 감행은 그 결과가 원하는 대로 나타나길 기대하는 것이 아니고 과연 현실이 어떤 결과를 보일까를 흥미진진하게 대하는 것이다.** 성공을 이룬 사람들은 하나만을 고집하지 않는다. 자신의 결정이 틀렸을 수도 있음을 인정하면서 진지하게 또 다른 시도를 해보는 행동에서 그들은 행운을 마침내 거머쥔다.

 2005년 8월 26일 영국 월트셔 출신 학생인 알렉스 튜(Alex Tew)는 자신이 다니는 대학의 학비를 벌 목적으로 인터넷을 기반으로 한 *The Million Dollar Homepage* 라는 웹사이트를 만들었다. 사이트 명 자체에서 끌리는 호기심이 일 순간에 방문자들의 입소문을 달게 했다. 아주 단순한 홈페이지 메인 화면에 백만 달러라는 가치를 부여한 것은 그가 착상한 아이디어에서 출발했다. 그는 웹상에서 사이버 공간을 부동산처럼 온라인 매매를 하는 방식으로 고객이 원하는 만큼의 구획으로 나누어 할당해주고 배너광고를 달아주었다. 그리고 4개월 후 10억을 벌어들였다. 문자 그대로 백만달러의 홈페이지가 완성되었다. 단지 웹사이트 하나를 개설한 것만으로 폭발적으로 잠재고객들과 방문자들이 매일같이 그가 만든 웹사이트를 방문하였다. 그 아이디어는 사이트를 보기만 하면 누구나 생각해 낼 수 있는 평범한 생각에 기초한 것이었지만 그 누구도 그가 만들기 전까지 전 세계에서 아무런 시도도 하지 않았다는 점이다. 왜냐하면 대부분의 사람들은 현재의 트렌드를 따라가느라 그런 생각조차 구태의연한 것으로 치부한 채 좀 더 기능이 혁신적인 것에 정신이 팔려있다. 그런 생각의 근원은 왠지 그렇게 하지 않으면 금방 도태될 것 같거나 시시하다는 느낌을 주기 때문이다. 그가 홈페이지 이름처럼 백만 달러가 현실화되는 매직 홈페이지를 어떻게 떠올리게 되었을까? 기본적인 아이디어의 핵심은 모니터 화면을 1000 X 1000 픽셀로 쪼개어 1픽셀 당 1달러라는 가치를 부여하는데 있었다. 기본 단위는 10 x 10 블록으로 1달러에 팔려나갔다. 100픽셀의 가로 세로 픽셀이 모이면 박스형태의 크기로 변하는데 고객은 원하는 크기만큼 픽셀을 구입하면 끝이다. 원하는 위치에 원하는 면적만큼 비용을 지불하면 그 만한 크기의 이미지로 구성된 배너가 부착되고 사이트 방문한 누군가가 해당 배너를 마우스로 클릭하면 링크된 웹사이트 화면이 새창으로 뜨게 된다. 즉, 전면 배너광고를 화면에 노출해주는 아주 간단한 홍보용 메인 광고판을 세상에 선보인 것이다. 아이디어의 신선함과 단순하면서도 흥미를 유발한 이 사이트는 삽시간에 소문이 퍼져나가면서 크고 작은 다양한 배너들이 화면을 빼곡히 채우기 시작했다. 그런 후 4개월 만에 백만 개의 픽셀을 모두 팔아치워 10억 원을 단숨에 손에 쥐게 되었다. 그는 치밀한 사업계획서도 없었고 단지 등록금 마련을 위해 시도를 했다. 전 세계인의 이목을 집중시킨 백만 달러 홈페이지닷컴이 히트를 치자 세계 각국에서 이를 모방한 유사 모방 웹사이트가 500여개나 생겨났다. 알렉스 튜는 야심찬 목표를 세운 것도 아니고 학업을 포기하고 사업가가 되려고 결심한 것도 아니었다. 그는 단지 학비를 벌기위한 약간의 돈을 마련하기 위해서 만들었다고 했다.

여기 한 젊은 남자의 이야기는 전 세계인들에게 가슴 뭉클한 감동을 준 경우로 그의 이력과는 달리 생뚱맞은 꿈이 기적적으로 실현되기에 이르른다. 자신의 평생 꿈을 이루기 위해 어느 날 컴퓨터 앞에서 노래자랑

경연대회가 있다는 것을 알게된 그는 고민끝에 출전하기로 결심을 하고 무대에 선 결과 기대이상의 기적같은 우승과 행운을 거머쥐게 되었다. 바로 그가 폴 포츠 *Paul potts* 로서 휴대폰 세일즈가 직업인 그는 37세의 젊은 평범한 청년이었다. 그가 출연한 무대는 2007년 영국의 ITV의 장기자랑 프로그램인 브리튼즈 갓 탤런트(Britain's got talent) 프로그램이었다. 뱃살이 불뚝 나오고 어눌한 말투에 낡은 옷차림, 고르지 못한 치열, 잘 생기지 못한 외모를 가진 청년이 테너도 부르기 가장 힘들다는 고난도의 곡인 푸치니의 오페라 '투란도트' 수록곡의 '공주는 잠 못 이루고(Nessun Dorma)'를 선곡했다. 그가 무대에 섰을 때 심사위원들은 정말 선곡한 것을 잘 부를 수 있겠는지 믿기지 않는다는 표정으로 바라보며 심지어 비웃는 눈치를 받기도 했다. 정말 오페라를 소화해 낼 수 있을까? 하는 의아한 태도였다. 그도 그런 것이 그가 무대에서 자신감이 없어 보이는 인상의 표정을 지은 것도 심사위원들의 선입견에 한 몫을 했다. 음악이 흘러나오기 전 그의 표정은 사뭇 진지했고 관객들의 표정 역시 긴장된 모습이 역력했다. 이윽고 큐사인이 떨어지자 장중한 음악이 흘러나오면서 성악가를 뺨치는 그의 매끄러운 음성이 우렁차게 퍼져나가기 시작했다. 심사위원들과 관객들의 반응은 이내 놀라운 표정들로 바뀌고 눈길은 그의 얼굴로 귀는 그의 노래와 음성에 몰입되었다.

중앙에 앉은 여성 심사위원은 가슴이 벅차오르는듯한 감동을 받은 듯 시종일관 압도된 표정으로 임했다. 노래가 끝나자 세 사람의 심사위원들은 서로 쳐다보며 놀랍다는 기색을 보였다. 관중석에서는 모두들 기립박수가 이어졌고 그에게 아낌없는 찬사를 보냈다. 그는 결승전까지 올라가 마침내 우승을 거머쥐고 꿈을 이루어냈다. 우승을 한 후 인터뷰에서 그는 말하길 "무대에 올라갔다가 그냥 내려와 버릴까 하고 정말 심각하게 생각해봤어요. 하지만 결국 시작할 수밖에 없었죠. 음악이 나오는데 별 수 없잖아요." 그는 또 예선도 통과하지 못할 거라 생각했다고 한다. 얼마나 자신감이 없었는지 "스스로에게 자신감을 갖는다는 것이 제겐 늘 어려운 일이었어요." 라고 말했다.

그는 이 노래를 부른 후 일약 전 세계적으로 이름을 떨치는 오페라 가수가 되었다. '브리튼즈 갓 탤런트'에 출연하기 전까지 못생긴 외모의 평범한 휴대전화 외판원이었던 포츠는 우승을 계기로 런던 심포니 오케스트라와 함께 음반 녹음 기회가 주어져 정식 오페라 앨범을 발매, 전 세계 15개국에서 오페라 분야 앨범 판매율 1위를 기록하기도 했다. 폴 포츠의 인생역전 스토리는 전 세계의 많은 사람들에게 큰 감동을 주었다. 그의 과거시절이 암울했음에도 불구하고 자신의 꿈을 이루었기 때문이었다. 성악가를 꿈꾸며 28세에 자비로 이태리 오페라학교에 진학을 하기도 했다. 어렸을 때에는 왕따를 당했는가 하면 종양으로 수술대에 오르고 2003년에는 교통사고를 당해 더 이상 노래를 부를 수 없게 되어 절망에 빠졌다. 돈이 없었기에 다시는 노래를 부를 수 없을 거라 생각했다. 게다가 그는 모든 비용을 카드로 생활해 5,500만원의 빚까지 졌었다. 한국에도 몇 차례 방문했던 그는 이런 말을 남겼다. "꿈은 노력을 가능하게 하고 노력은 그 꿈을 가능하게 하니 그 꿈은 마침내 보석이 된다."

2년이 흐른 뒤인 2009년! 이번엔 40대 중반의 뚱뚱한 몸매에 헝클어진 머리를 한 노처녀가 같은 무대에 출연해 뮤지컬 레미제라블의 수록곡인 `아이 드림드 어 드림(I DREAMED A DREAM)'으로 도전을 한다. 그녀의 배경을 보면 영국 스코틀랜드에서도 가장 가난한 지역에 자리한 소도시 블랙번에서 고양이 '페블즈'와 함께 살고 있었다. 수년간 홀어머니를 돌봤으며 결혼은 해본 적도 없고 직업도 없었다. 집세도 정부보조금으로 해결했다. 91세를 일기로 어머니가 세상을 떠날 때까지 줄곧 봉양하며 외로운 삶을 살아왔던 그녀는 학창시절에도 친구들로부터 따돌림을 받았다. 그녀의 곁을 지켜주는 유일한 친구는 집에서 기르는 고양이 뿐이었다. 그녀는 노래를 전문적으로 배워본 적도 없었다. 고작 12세까지 교회성가대에서 부른것이 전부였다. 그러던 그녀에게 어머니는 어느 날 노래자랑 프로그램에 출연해볼 것을 권유한다. 어머니의 간청에 심사숙고한 그녀는 출전을 하게 되고 일약 '스타덤'에 오르게 된다. '제 2의 폴 포츠'로 혜성과 같이 나타난 영국의 작은 시골 마을 블랙번(Blackburn)에 사는 수전 보일의 이야기이다. 그녀는 심사위원으로부터 꿈이 무엇입니까? 라는 질문에 영국의 전설적인 배우이자 가수인 알레인 페이지처럼 유명한 가수가 되고 싶다는 말을 했다. 관객들은 비웃듯 난감스런 표정까지 지어 보였다. 노래가 시작되자 예상치 못한 반전이 일어났다. 관객들은 전혀 기대하지 않은 목소리와 노래에 열광적으로 환호했다. 심사위원 중 한 명인 피어스 모건은 말하길 "이 쇼의 심사를 맞은 지난 3년 동안 이렇게 놀란 적은 없었다. 당신의 목소리와 호소력은 그 누구와도 견줄 수 없을 만큼 환상적이다" 라고 했다. 그녀의 노래 경력이라면 교회찬양대에서 한 것이 전부였다. 그녀 역시 폴 포츠처럼 유명세를 타게 되며 음반까지 출시하는 영광을 안았다.

  당신은 이 세 사람들의 성공담에서 어떤 느낌을 받는가? 성공의 대열에 들어선 그들이 부러움의 대상으로만 보여 지는지 아니면 나에게도 그런 빅 이벤트가 정말 일어날 수 있을까? 하는 의구심이 살짝 떠오르는가? 이들은 당신처럼 지극히 평범한 사람들이다. 프로의 세계에서 활동하는 사람들이 아니라 순수한 아마추어였다. 더욱이 아무도 알아주지 않았던 무명출신이었다. 그럼에도 불구하고 그들이 구경꾼에서 자리를 박차고 무대로 나선 건 그동안 간직해왔던 순수 의도가 발동했기 때문이다. 진정한 동기부여가 그들을 행동으로 움직이게 했다. 프로가 아니었기에 그들은 매우 겸손하게 세상을 대하면서 세상 사람들이 자신을 어떻게 보던지 개의치 않고 자신의 작품을 가지고 무대 위에 올라 당당히 선보였다. 한편으로는 시험대와도 같은 무대가 자신을 초라하게 만들지도 모른다는 생각이 들기도 했지만 진작 그들 자신은 막이 오르자 담담하게 그 자리에 섰다.

실패가 두려운 게 아니라 그냥 한 번 무대에 서기를 시도한 것이다. 그들이 원하는 것은 원대한 목표도 아니고 마음 한 구석에 자리 잡던 소망의 간절한 성취도 아니다. 단지 대중들이 바라보는 무대에 서서 평가를 받기를 주저하지 않은 것뿐이다. 평가는 관객들이 하지만 그들은 구경꾼으로 단지 참석할 뿐이다. 이제 그들은 달라진 입장에 서있다. 구경꾼에서 배우로 아마추어에서 프로로 전향된 것이다. 노래를 잘 부르는 사람은 이 세상에 많이 있다. 또한 기막힌 아이디어를 가지고 사업을 추진하려는 사람도 너무나 많다. 당신이 생각하기에 당신보다 나은 사람들이 많다고 여길지 모르겠지만 당신은 결코 이들보다 못한 존재가 아니며 당신만의 개성을 지닌 독특한 존재임을 스스로에게 위안을 주어야 한다. 다만 당신이 그만한 잠재능력을 제대로 발휘하지 않은 것뿐이다. 당신이 그들처럼 성공의 대열에 끼기를 마다하지 않으려면 당신의 가슴이 원하는게 뭔지를 명확히 결정하는것이며 그것에 열정과 열의를 쏟아 부어야 한다. 관객들은 당신의 열정적인 자세와 명연기에 반할 것이고 감동을 받을 것이다. 바로 그들이 찾고자 하는 것, 원하는 것, 듣고자 하는 것, 보고자 하는 것을 당신이 멋지게 융숭한 대접으로 선사했기 때문이다. 당신은 감독역할을 다한 것이다. 그리고 **세상은 한 개인을 강력한 웨이브의 물결로 인도하여 전 세계의 이목을 집중시키는 빅이벤트를 만들어 내었다. 세상은 그런 식으로 예상밖의 인물로 현실을 뒤집어 놓는다. 그것은 결코 경쟁의 승자가 아니다.** 각기 다른 분야에서 세상 사람들을 깜짝 놀라게 한 이들은 특별한 노하우나 주특기, 넘치는 자신감으로 무장된 사람들이 아니었다. 작은 소망을 실천하기 위해 세상이라는 무대로 나가 연출해보고 싶은 감독이 되기를 자처한 것이다. 그들의 매직게임은 세상 사람의 선입견을 무참히 무너뜨리고 그 자리에 훌륭한 반석을 만들어놓았다. 누구든 그 반석 앞에서 각오를 다지고 디딤돌을 삼아 자기만의 매직놀이에서 최정상에 오를 수 있도록 터전을 닦아놓을 수 있다. 성공의 임계점에 다다르기까지는 당신도 부단히 노력을 해야 하지만 **웨이브는 당신이 기진맥진할 때 까지 최선을 다하라고 요구하지 않는다. 세상은 그런식으로 빡빡하게 돌아갈 수 없다. 당신이 알아야 할 것은**

세상밖에 있되 세상속으로 들어가라는 것이다. 현실의 요모조모를 잘 살펴보라. 당신만의 현실세계가 멋지게 펼쳐지는 둥지를 틀 수 있는 곳이 반드시 있다.

마법의 지팡이 잡기를 두려워하지 말라

당신은 궁궐과도 같은 웅장한 집에 발걸음을 들여놓은 첫 손님과도 같다. 궁궐의 주인은 자신을 찾아온 손님을 융숭히 대접하기 위해 마중을 나간다. 이곳에는 당신의 눈을 휘둥그레 할 만한 볼 것들과 당신의 호기심을 자극할 만한 것들이 너무나 많이 있다. 당신이 가까이 가서 보고 싶은 것을 자세히 살펴볼 수도 있으며 고민하고 있는 아이디어를 금세 떠오르게 하는 알라딘의 램프 앞에 다가가 주문할 수도 있다. 당신의 눈길이 가는 곳마다 놀라움으로 가득하고 또한 각종 도구들이 당신의 주문을 성취시키기 위해 선택을 기다리고 있다. '마법의 성'이라고 할까? 당신이 생각하는 상상의 나래가 이곳에서는 꿈과 같이 펼쳐진다. 다만 당신에게 당부하고 싶은 것은 단 한 가지! **손님의 자세를 끝까지 잃지 말라는 점이다.** 손님은 절대 싸우는 법이 없고 가는 곳마다 대접을 받으며 필요한 것은 얻게 된다. 이 세상에는 당신이 원하는 것을 성취시키기 위한 모든 것들이 완전하게 갖추어져 있다.

이제 당신이 어떤 존재인지를 알았다. 손님은 세상에서 필요한 것들을 취하기 위해 그만한 대가를 먼저 지불한다. 그러면 세상은 반갑게 당신에게 마중나오면서 필요한 것을 챙겨드린다. 이처럼 당신과 세상과의 관계는 주고 받는 상호관계가 성립된다. 그런데 이 관계에서 먼저 받기를 원하거나 요청하면 세상은 고개를 갸우뚱하게 된다. 세상은 당신이 원하는 것을 줄 채비가 언제든지 준비되어 있다. 당신은 세상이 내가 원하는 대로 수긍해주지 않고 굴러가 주질 않는다고 불평만 늘어놓으면 세상은 당신을 손님으로 여기지 않는다. 대가를 지불하더라도 그 반응은 시큰둥할 것이다.

당신의 주인은 다름아닌 마음이었기 때문이다. 이제 당신의 주인이 송두리째 바뀌게 된다. 주인을 새롭게 맞이하게 되면 그동안 당신을 억눌러왔던 세상의 관념속에서 해방되는 진정한 기쁨을 맛보게 된다. 세상이 당신에게 알게 모르게 주입해놓은 것들이 당신이 성공에 다가가는데 훼방을 놓고 있다는 충격적인 사실을 비로소 알게 된다면 당신은 당장 족쇄를 풀어내고 싶을 것이다. 다행히 당신을 억누르는 족쇄는 열쇠가 없이도 스스로 풀어낼 수 있다. **비결은 마음의 통제를 벗어버리고 가슴의 열망을 따라가는 것이다.** 그러면 마음은 조력자로서의 역할로 바뀌게 되며 가슴은 비로소 큰 숨을 쉬게 된다. 잠재의식은 겹겹이 채워놓은 마음의 제어로 부터 해방되고 그동안 보지 못했던 것에 새로운 눈을 뜨게 된다. 현실에서 보내오는 신호들을 단편적인 것이 아닌 입체적인 감각으로 받아들이는 것이다. 어떤 변화가 일어날까? **당신은 마음이 도저히 알아챌 수 없는 것을 보게된다. 그것을 조용히 발견하라. 단 한번의 체험이 당신을 일으켜 세울것이다. 그럴 때 마음이 앞장서서 주인노릇해오던 것이 입장이 바뀌어 가슴이 전하는 느낌에 따라 현실과의 균형을 잡아가게 된다.**

나는 이 책에서 그것을 입증하기 위해 자신도 도저히 예상하지 못한 까마득히 비현실적으로만 보이던 엄청난 일이 일어날 수 있었는지 실제 사례와 함께 한 개인이 어떻게 전 세계의 이목을 집중시키고 관심을 불러일으킬 수 있었는가를 짚어볼 것이다. 또한 성공 뒤에 숨겨진 성공의 도화선이 무엇이었는지를 그리고 당신의 상식적인 예측을 비켜가는 엉뚱한 측면들을 진지하게 고찰해볼 것이다. 그러기 위해서 나는 한 개인의 성공을 웨이브라는 거대한 힘의 배경에 초점을 두고 접근해 갈 것이다. 이미 기존의 성공학에 관한 책들에서 그들의 성공배경에 대한 공통점과 자수성가한 이력을 다룬 적은 많았다. 그러나 그들의 상황과 현재 당신의 상황과는 완전히 다르다는 점을 알고 있다. 그 점이 당신을 어떤 면에서는 정신적으로 힘들게 만든다. 바로 그와 당신사이의 괴리감을 느끼는 것이다. 그런 점에서 이 책은 평범한 한 개인에게 어떻게 엄청난 성공을 거두고 하루아침에 개인 브랜드 가치가 껑충 뛰는 일이 일어나는지를 집중 조명한다. 그들에게는 풍족한 자본과 확실한 인맥, 뛰어난 능력이 있었던 것도 아니다. 오히려 가진 것보다는 부족한 것이 더 많았다. 나는 이 책에서 그러한 배경과 환경 속에서 자신의 간절한 소망을 이루기 위해 갖은 애를 써가며 피나는 노력을 다한 끝에 정상에 섰다는 점을 당신에게 설득하려는 것도 아니다. 당신은 이미 그런 스토리들에 익숙해 있다. 그리고 자신과는 거리가 멀다고 느끼는 것이다. 정확히 말하면 당신은 단지 구경꾼으로서 아직까지 남아있는 것이다. 성공의 대열에 끼기를 거부하고 있는 것이다. 왜 그럴까? 당신의 마음을 무겁게 만드는 것은 다름아닌 세상에 도전함으로서 원하는 것을 가지려는 악착같은 노력이 요구된다는 점이 괴롭히는 것이다. 또 '아직은 그 시기가 아니다'라는 경계선 긋기와의 고민에 늘 빠져있다. 게다가 당신은 또 그 모든 것을 또 의무감에서 임하고 있다. 즉, 나의 자유로운 선택이 아닌 현실의 주도로 이끌려 가는 느낌을 받고 있는 것이다. 그런 상황에서는 주도권이 당신에게 있지 않고 현실에게 넘어간다.

이제 당신의 선택이 당신을 자유롭게 한다. 현실로부터의 강요된 선택이 아니라 그것을 어떤 방식으로든 분명히 가지게 된다는 당신의 진정한

선택만이 남아있다는 점을 분명하게 인식하고 있어야 한다. 그러기 위해서는 몇 가지 조건들이 충족되어야 하는데 먼저 당신의 거리낌 없는 당당한 선언이 선행되어야 한다. 나는 당신에게 큰 성공을 이루어 내고야 말겠다는 그런 자신만만한 선언을 하라고 강요하는 게 아니다. **당신의 입장이 서있기를 세상에 분명하게 내보이는 그런 선언을 말한다.** 당신이 가치 있는 존재라고 지금 당장 선언해보라. 전혀 위축되지 말고 있는 그대로의 상황을 인정하고 나아가라. 그런 독백을 스스로가 해보는 것이 우스꽝스러운 일일까? 재미난 사실은 당신은 이미 무언중에 자신의 입장을 세상에 선언하고 있다는 사실을 까맣게 잊고 있다. "난 학생이야! 그러니 난 부모로부터 보살핌을 받고 공부만 열심히 하면 되요." 당신이 직장인이라면 "비록 현재는 대리지만 난 부장으로 승진할 때 까지만 이곳에서 근무할 거야" 라고. 또 기업가라면 "지금은 조그만 신생 벤처기업이지만 난 반드시 성공해서 중견기업으로 성장하여 해외로 진출하겠다" 는 다짐을 하고 있다.

어떤가? 당신은 현재 입장을 세상에 선포했다. 그리고 현재의 처한 환경에 젖어 그때 그때 세상에게 나의 존재가치를 낮추거나 아니면 '내가 현재 가진 것은 이것뿐입니다.' 하는 자세로 있는 그대로를 내보였다. 이 세상은 당신의 입장을 누구보다도 속속들이 잘 알고 있다. 그런데 당신은 세상이 자신에게 차갑게만 대하고 매정하게 끊어버리고 나의 맘을 알아주지 않는다고 토라질 때가 많이 있었을 것이다. 그럴 때 당신은 세상에 대해 애들처럼 굴기 때문에 세상은 그저 당신을 달래기만 한다. 결코 당신에게 뭐가 필요한지 무엇을 원하는지 듣기도 전에 일단 당신의 우울하고 침울한 감정을 가라앉히기 위해 조용히 다가와 듣기만 한다. 세상이 나의 것을 이루어준다는 기대는 환상에 불과한 것처럼 그런 일은 나에게 있을 수 없는 일이라는 선언을 못 박고 있기 때문에 그런 일은 결코 일어나지 않는다. 정리하면 이제껏 당신의 선언대로 완벽하게 일어나고 있는 것이다.

그렇다면 이제 선언을 선언답게 해보는 것은 어떨까? 흥미로운 점은 선언은 당신을 강한 믿음으로 실행력을 갖게한다는 사실이다. 처음에 시작할 때 작아 보이는 선언이라도 괜찮다. **당신이 세상에 선포한 선언은 당신의 무의식적인 행동과 일상적인 습관을 바꾸게 하고 당신의 잠재력을 일깨우게 하며 목적한 바로 인도하게 한다.** 당신에게도 스타들처럼 막강한 잠재력이 숨겨져 있다. **당신의 잠재력이 꿈틀거려 발현하기 위해서는 가슴이 열리는 진정한 목적에 다다르는 목표의 설정이 선언과 일치되어야 한다.** 그러면 당신은 의식을 가다듬고 날을 세워 행동을 개시하려는 의도를 가지게 된다. **의도는 그동안 구경꾼의 입장에서 자리에 앉아있던 당신을 일으켜**

세우고 잠재력을 일깨워 명연기를 지휘하는 감독자의 위치로 바꾸게 한다. 조명은 무대 위의 당신을 향하고 세상의 관객들은 당신의 등장에 일거수일투족을 지켜보기 시작한다. 당신의 입장이 완전히 바뀐 것이다. 당신은 동시에 배우이기를 자청하고 이 세상에 처음으로 선언을 한 것이다. 아직은 당신을 보려고 찾아오는 관객이 거의 없다. 텅 빈 좌석을 보고 낙심하지 말라. 관람석이 비어있건 차있건 그것에는 신경을 끄고 당신의 초점은 잠재력을 끄집어내어 마음껏 기량을 뿜어내는 것에 초점을 두고 있어야 한다. 당신이 무대에 나가 남들의 의식에 주의가 끌리게 되면 어설픈 행동을 하게되고 관객들은 이내 웃음의 도가니에 빠져들기 때문이다.

　당신의 작품이 무엇이건 간에 관객들에게 감동을 주려면 단지 그들의 무디어진 의식의 귀퉁이를 살짝 건드려 마음껏 숨을 내쉬게 해주기만 하면 된다. 선입견을 무너뜨리는 예상치 못한 기대를 뛰어넘는 상식적인 선을 돌파하는 그런 작품에 그들의 눈은 휘둥그레지고 주의를 한곳에 집중시킨다. 애초부터 그들은 배우가 되겠다는 생각과는 거리가 먼 사람들로 단지 구경꾼으로 남아있기를 자처하기 때문에 늘 자신을 만족시켜줄 작품을 이리저리 찾고 있다는 점을 알고 있으면 된다. 정말 느닷없이 어느 날 오아시스 발견과 같은 작품을 선보인다면 그들은 당신의 작품에 후한 점수를 매기고 열렬한 팬이 되어 지속적으로 지켜볼 것이다. 당신에게 멋진 웨이브가 일어나기 위해서는 먼저 당신이 객석의 구경꾼에서 박차고 일어나 배우로 나서야 한다는 점을 말했듯이 그것은 정말이지 가슴이 설레는 일이기도 하다. 당신이 펼치는 매직이 무대를 빛내려면 여러 가지 도구가 필요로 해진다. 당신은 최종 목적한 바를 선보이기 위해 일련의 쇼를 진행해야 한다. 한마디로 무대 위의 환상적인 매직 쇼가 펼쳐지는 것이다. 이 게임의 권한과 책임도 모두 당신에게 있다. 어떤 방식으로 매직이 펼쳐질지를 결정하는 시나리오도 당신의 의도에 따라 만들어진다. 얼마든지 당신 마음이 가는대로 매직게임을 만들어가라. 그들이 어떤 장면에서 반할지 즐겁게 상상하며 만들어가라

세상이 당신을 중심으로 서서히 가동된다

모든 시작과 창조 활동에는 한 가지 진실이 있다.
진정으로 자신의 모든 것을 바쳐
완전히 헌신했을 때 하늘도 움직인다.
예전에는 발생하지 않았던 그 모든 것들이
그 사람을 돕기 위해 발생한다.
모든 일은 결심에서 시작되며,
이전에 그가 믿지 않았던 사건들이나

만남 그리고 모든 물질적 수단들이
그에게 이익이 되고 일이 잘되도록 도와준다.

- 히말라야 탐험가, W.H. 머레이

어렸을 적 빈민가에서 태어나 자라온 그는 12살 때 부모의 이혼으로 불우한 환경에서 성장해왔다. 고등학교를 열두 번이나 옮기고 마이애미대학교 연극학과를 졸업한 후 남들처럼 떳떳한 직장생활을 못한 채 식료품가계 점원과 영화관의 안내원 등을 전전해가면서 생활을 이어갔다. 그에게 유일한 꿈은 영화배우가 되는 길이었다. 하지만 그의 나이가 삼십을 넘기면서 극심한 생활 곤란을 겪게 되자 그는 수위, 경비원, 피자배달부, 식당 종업원, 배우 보디가드 등을 마다하지 않고 닥치는대로 일했다. 아내는 임신 중이었고 수중에는 106달러밖에 남지 않았었다. 그는 영화배우가 되겠다는 결심이 서있었기 때문에 늘 머릿속에는 영화 소재에 골몰하고 있었다. 그러던 중 전에 무하마드 알리와 록키 마르시아노의 생애를 보고 영감을 떠올렸다.

모든 것을 제치고 그는 즉시 헤비급 세계 챔피언에게 무명의 선수가 나서서 도전을 행사하는 복싱 영화 시나리오의 각본 집필에 착수하기 시작했다. 집필을 시작한지 불과 한 달여 만에 탈고를 끝내고 곧바로 허리우드의 영화제작자들을 찾아 나섰다. 그는 자신의 입장을 빤히 알면서도 무명배우라는 입장임에도 불구하고 대담하게 자신을 주연으로 발탁시켜 줄 것을 요청했다. 제작자는 그가 무명배우라는 치명적인 약점을 거론하여 일언지하에 거부하고 당시 잘나가는 배우였던 라이언 오닐이나 버트 레이놀즈 둘 중 한 명을 주연으로 하겠다고 말했다. 대신 각본료 2만 달러를 주기로 제시했다. 그러나 그는 소신을 굽히지 않았다. 비록 자신이 파산상태이고 무명출신이지만 이번 기회에 영화계에 진입하여 두각을 나타낼 절호의 찬스로 만들고 싶었던 것이다. 그는 다시 강력하게 자신에게 주연을 맡길것을 재차 제안했다. 제작자는 그의 강력한 주장에도 불구하고 주연을 포기하는 대가로 8만 달러를 제시했다. 두 사람의 협상 결과는 어떻게 되었을까? 결국 그의 주장이 받아들여졌지만 각본료 2만 달러에 최소한의 주당 지급 출연료를 받기로 하고 최종 수락을 했다. 그는 당장 돈도 필요했지만 최초로 자신이 직접 만든 시나리오에 직접 주연으로 출연하는 결정이 무척 중요한 상황이었다. 마침내 영화제작은 저 예산으로 한 달 만에 만들어지고 개봉이 되었다. 결과는 공전의 대 히트를 쳤다. 제작비의 50배가 넘는 5,600만 달러의 흥행실적을 거두면서 큰 돈을 벌어들였다. 바로 이 영화가 1976년 뜨거운 관심을 불러일으킨 '록키'라는 영화이다. 작품상, 감독상, 편집상, 남우주연상 을 휩쓸

정도로 큰 화제를 일으킨 영화 '록키' 는 당시 주연을 맡아 열연했던 무명배우 실베스터 스텔론 *Sylvester Stallone* 이었다. 그가 출연한 록키의 대성공으로 속편인 록키2, 록키3, 록키5, 록키 발보아가 제작되기도 했다. 만약 실베스터 스텔론이 제작자가 의도한대로 주연을 포기하고 각본료만 받아 돌아섰다면 그는 오늘날 수퍼 스타의 영광을 안은 영화배우로서의 길을 가지 못했을지도 모른다.

한 가지 우려되는 점은 실베스터 스텔론의 성공담처럼 자신의 분야에서 성공한 사례들을 접할 때마다 당신이 혹 그와의 능력 비교에서 오는 격차에 신경을 쓰지 않을까를 염려하는 것이다. 반대로 당신은 그가 성공하기까지 숨겨진 감동 스토리에서 적지 않은 자극과 용기를 얻을 수 있다. 실베스터 스텔론이 장차 영화에 올 인을 하여 남들처럼 알아주는 배우가 되겠다는 결심의 표명은 영화 제작자에게 큰 충격이었으리라. 자신이 주연을 맡음으로서 다시없는 인생의 전환점을 결정짓는 기회를 거머쥐려는 그의 당찬 기세는 상대방의 기운을 압도하게 되었다. 영화제작자는 실베스터 스텔론의 태도에서 무모함처럼 여겨지는 거북스런 상황 전개가 시간이 흐름에 따라 대화의 폭이 진지함으로 바뀌는 것을 느꼈을 것이다. 본격적인 배우로서의 길을 당당하게 가려는 그의 절실한 마음을 제작자는 읽고 받아들인 것이다. 이처럼 당당함은 거짓된 마음의 위선에서 나오지 않으며 순수한 의도에서 나오게 된다. 마음의 속박에서 벗어날 때 당당함은 그 빛을 발하게 되는 법이다.

결단하면 신이 돕기 시작한다.

최선을 다하고자 결심하는 순간, 신도 감동을 받는다.
결코 상상할 수 없는 여러 가지 일들이 나를 도와준다.
결정의 순간을 시작으로 수많은 사건들이 일어나며,
어떤 누구도 자신에게 이런 일이 일어날 거라고
생각하지 못했던 온갖 종류의 예기치 않던 사건들과 만남과
물질적 원조가 나의 힘이 되어준다.

-요한 볼프강 폰 괴테

그 정도의 열정을 가진 사람이라면 영화를 찍을 때에도 어느 누구보다도 실제상황을 방불케 하는 진지한 태도로 임했으리라는 것을 눈치를 챘을 것이다. 그의 심적 절박함은 결심을 낳게 했고 진정한 헌신은 명연기자로 손색이 전혀 없는 영화배우로 탄생시켰다. 실베스터 스텔론의 성공학에서 당신은 중요한 세 가지의 조율하는 방법을 알게 된다.

첫째, 당신이 원하는 것을 진심으로 느끼고 늘 가슴에 품으라. 어떤 대상에 대해 요모저모 생각을 하기 전에 먼저 가슴으로 대하고 느껴보는 것이 중요하다.

그것이 정말 당신의 것이라면 당신의 내면에선 기쁨이 솟아오르게 되고 열정이 피어오르게 된다. 그런 느낌을 늘 간직해가고 행동으로 옮길 때 당신의 생각은 알을 부화시키기 위해 품은것처럼 가슴의 열정이 그것을 끝내 부화시키게 된다. 이 점이 생각을 현실화시키는데 필요한 전 단계에 속한다. **생각이 생각으로 끝나는 건 생각을 품기를 거부하기 때문이다.** 당신이 원하는 것을 진심으로 느끼고 진정한 목적으로 삼을 때 목표가 수립되고 그것은 자동적으로 가슴속에 안착될 것이다. 그 순간부터 마음의 역할은 주인 노릇하던 행동에서 가슴의 명령에 따라 순순히 복종하는 자세로 변한다. 마음의 빗장이 열리면서 내면의 잠재의식이 가동되고 비로소 당신이 추구하는 목적지로 향하는 길을 잠재의식이 안내할 것이다. 한 가지 주의할 점은 안내자의 말에 의심을 품지 말아야 한다. 의심을 품는다는 것은 생각의 균형이 한쪽으로 기우는 것이다. 만약 의구심을 갖는 상황에 마주한다면 잠시 멈추고 가슴으로 느껴보라.

진심은 생각과 느낌이 일치된 상황을 말한다. 생각과 느낌이 한 치의 의심 없이 당신이 정한 초점대상에 이의를 달지 않고 전적으로 동의하는 것이다. 종종 일을 그르치는 진정한 이유 중의 하나는 진심의 상태에서 벗어나는 마음과 가슴이 갈등을 일으키기 때문이다. 당신이 보기에 부정적으로 보이는 결과들은 가슴은 진정 이것을 원하지만 마음이 개입되어 판단을 내리고 세상의 흐름을 앞서가려는 마음의 조급한 성질이 방해하기 때문이다. 진심의 상태에 놓여 있으면 당신을 거침없는 행동으로 나아가게 하고 모든 상황을 있는 그대로 투명하게 보게 된다. 즉, 당신이 보고자 하는 그것을 마음이 나서서 채색하여 왜곡시키지 않는다. 그 어느 것도 두려움의 대상으로부터 벗어나게 된다. 무엇이 옳고 그른지를 마음의 잣대로 그어놓는 습관을 버리면 일은 의외의 곳에서 잘 풀려갈 것이다.

둘째, 당신 스스로에게 주어진 특권을 허용하라. 특권이란 일부의 특정 층들이 누리는 그런 예외적인 특별한 권한을 말하는 것이 아니다. 여기서 **특권이란 그만한 목적을 자신이 착수하도록 전폭적으로 허락하는 주저하지 않는 확신에 찬 의도를 말한다.** 세상은 그럴 때 당신의 목적의식에 부합하는 상황과 사건, 영감 등을 일으켜 반응하게 한다. 세상이 당신을 보살피는 방식은 그렇게 시작된다. 당신은 그 만한 자질을 갖추고 있지만 남들과의 비교에서 이런 저런 이유를 대가며 늘 자신을 낮추고 있었는지도 모른다. 특권의 허용은 그런 점에서 쳐진 당신의 어깨를 치켜 세워주고 당당해진 모습으로 바꾸게 한다. 당신만이 누리는 특권을 가지고 있음을 분명히 인식할 때 그 특권을 허용하게 되면 당신의 잠재된 능력을 일깨워내는데 결정적인 역할을 한다. 그동안 무시해왔던 방치만 해왔던 잠재된 힘이 당신을 일으켜 세운다.

그 기분은 이런 것이다. 그동안 마음의 통제력으로부터 답답해했던 가슴이 기지개를 활짝 켜고 해방됨을 맛보게 되는 기분이다. 한 번 자랑스럽게 자신의 특권을 전격 허용해보라. 마지못해 행하는 어정쩡한 태도로 한다면 이것도 저것도 아닌 기로에 서게 된다. **당신만의 특권은 그 누구도 침범하지 못한다.** 남들은 당신 고유의 개성과 기질이 자신과 다르다는 것을 잘 알기 때문에 당신을 모방할 수 도 없다. 당신이 조금이라도 잘 나간다는 사실을 알게 되면 그들은 당신을 부러움의 대상으로 떠받들게 된다. 그들도 역시 자신을 당신과 비교평가를 했기 때문이다. 그들처럼 같은 선상에 있었던 평범한 당신이 비범한 인물로 등장하는 순간 그들은 당신만의 특권이 무엇인지를 그때 깨닫게 된다.

셋째, 순수 의도로 시도하라. 목적한 바로 이끄는 끊임없는 에너지의 원천은 어디서 나오는 것일까? 나는 그 힘을 '순수 목적의식'이라 부른다. 목적의식은 목표로 다가감을 지치지 않게 하며 잠깐의 옆길로 새려는 마음의 엿봄을 기웃거리지 않게 만든다. 한 분야의 드러남을 갖는 위대한 사람들의 공통된 특징이란 바로 순수 목적의식에 입각한 순수 의도에 있다. **순수 의도란 생각의 거품을 일으키지 않고 마음이 개입되지 않은 상태의 일관성을 갖는 행동으로 옮기고자 하는 원동력이다.** 원동력은 근원적인 힘으로 마음의 작용과 이성적인 판단에 의해 움직여지는 힘이 아니라 가슴에서 솟구치는 열망으로서 열정으로 바뀔 때 앞으로 나아가게 한다. 순수한 의도는 가슴의 열망이 의식하는 마음보다 우위에 있을 때 일어난다. 마음의 작용은 늘 어떤 판단을 내리고자 할 때 갈피를 못 잡게 만든다. 당신에게 속삭이듯 가능성과 실패의 두 갈래 길을 제시하지만 성공을 확신하는 판단을 내리기에는 역부족이었다.

스스로가 가능성을 믿지 못하면 순수 의도는 일어날 수 없다. 늘 통제하려는 마음이 당신을 훼방 놓을 것이다. 대부분의 사람들이 인생을 도전의 장으로 받아들이고 있는 이유는 이것이다. 그러한 받아들임은 매사 인생을 투쟁정신으로 이끌게 한다. 도전은 의식적으로 무한 경쟁과 극기로 무장한 전투태세를 갖추게 하지만 시도는 자발적인 의도로서 두려움없이 임하게 한다. 시도는 힘들게 오르는 등산과는 달리 가벼운 발걸음의 산책처럼 당신의 정신을 지치지 않게 한다. **당신이 무슨 일을 하던 시도의 결과가 어떻게 나올 지를 흥미롭게 대하라.** 도전은 꼭 그것을 해내야 한다는 강박증과 압박을 가하지만 시도는 결과에 연연해하지 않는다. 목표를 지향하는 과정에서 시도는 마음을 구김살 없이 목적지를 향해 끊임없이 다가가도록 만든다. 결국 당신은 목적지에 어렵지 않게 도착할 것이다.

당신에게 아름다운 노래 한 곡을 선사한다.

You raise me up
When I am down and, oh my soul, so weary
내 영혼이 힘들고 지칠 때

When troubles come and my heart burdened be
괴로움이 밀려와 나의 마음을 무겁게 할 때

Then, I am still and wait here in the silence
당신이 내 옆에 와 앉으실 때까지

Until you come and sit awhile with me
나는 여기에서 고요히 당신을 기다립니다.

You raise me up, so I can stand on mountains
당신이 나를 일으켜 주시기에, 나는 산에 설 수 있고

You raise me up, to walk on stormy seas
당신이 나를 일으켜 주시기에, 나는 폭풍의 바다도 걸을 수 있습니다.

I am strong, when I am on your shoulders
당신의 어깨위에서 나는 더 강해집니다.

You raise me up, to more than I can be

당신은 나를 일으켜, 내가 이룰 수 있는 것보다 더 이루게 합니다.

관점의 차이가 놀라운 결과를 가져온다

1972년 사쿠라다 사토시는 도쿄에 2.8평의 창고를 개조한 자그마한 채소가게로 햄버거 전문점을 오픈했다. 젊은 직장인이었던 사토시 사쿠라다는 로스앤젤레스 지사에서 근무할 당시 햄버거를 처음 맛본 후 직장을 그만 두고 패스트푸드 사업을 본격적으로 시작했다. 그는 단 하루 만에 친구들로부터 모은 자본을 발판으로 일본인들의 입맛에 맞는 햄버거 가게를 차렸다. 기존의 베이컨 버거와 감자튀김 메뉴 대신 카레 핫도그와 우엉뿌리 라이스 버거 등 특별한 메뉴를 만들어 손님들을 맞이했다. 그는 회사명칭을 모스버거라고 이름지었다. 창업자인 사쿠라다 사토시는 인간과 자연에 대한 애정을 가진 사람들의 마음을 담은 모스(MOS), Mountain-산과 같이 높고 당당한 기상, Ocean-바다같이 깊고 넓은 마음, Sun-태양같이 불타는 정열을 뜻한다.

모스버거 체인점은 타 패스트푸드 프랜차이즈점과는 달리 영양의 균형을 맞추기 위해 채소가 푸짐하게 나온다. 그리고 가격이 저렴하며 주문을 받고 나서 만드는 애프터오더 방식을 채택하였다. 햄버거하면 빠르다는 인식을 깨고 차별화 전략으로 나갔다. 그는 매일 먹어도 질리지 않는 모스버거만의 맛을 창조해냈다. 소이소스를 이용한 테리야키 버거와 쌀을 이용한 라이스 버거 등 동양 음식문화를 도입한 독특한 상품들을 개발했다. 또한 1997년 부터는 고객의 건강에 공헌하기 위해 협력 농가에서 농약이나 화학비료를 쓰지 않은 유기농 재료를 공급받아 점포에서 사용했다.

그런데 6년 후 1978년 자신의 가계 맞은편에 세계적인 거대 패스트푸드 기업인 맥도날드 매장이 생겼다. 생각지도 않은 경쟁상대가 빤히 보이는 곳에 위치해 주위에서는 이 두 가계의 경쟁구도를 놓고 승부수를 점쳤다. 대부분 맥도날드의 승리로 돌아갈 것이라는 예상이 팽배했지만 엉뚱하게도 예상은 보기좋게 빗나갔다. 그는 성공한 이유에 대해 이렇게 말했다. "안전한 길로 가면 경쟁자와의 싸움에서 이기는 것이 목표가 됩니다. 하지만 그와 다른 길을 가면 오로지 둘만 남게되죠. '고객' 그리고 '최선' 이라는."

모스버거는 그로부터 20년 흐른 후 상장이 되었고 그토록 염원하던 본사 빌딩도 세우게 되었다. 또한 전 세계적으로 인기가 많은 맥도날드와 롯데리아를 따돌리고 일본에서 최고로 많은 매장 수를 지니게 된다. 현재 모스버거는 일본외에 대만, 싱가포르, 홍콩, 태국, 인도네시아, 중국, 호주 7개국에 진출해있다. 사쿠라다 사토시의 성공비결은 돈이 될 만한 사업을 선택한 것이 아니라 고객이 무엇을 원하는지를 자신이 직접 고객의 입장에 서서 관점을 달리한 결과가 성공을 가져온 것이다. 관점은 자신이 보고자하는 시선에서 바라보는 것으로 자칫 편견에 치우칠 가능성이 높다. 현실을 있는 그대로 볼 때 현명한 선택과 판단을 내릴 수 있지만 현실의 창이 흐려지게 되면 당신에게 받아들여지는 정보는 불투명해져 왜곡된 정보로 변질이 된다. 관점을 달리한다는 것은 차별화한다는 것과는 본질적으로 다르다. 시야의 각도를 달리하여 2D 관점이 아닌 3D의 입체적인 정보(X,Y-표면정보, Z-깊이정보)를 받아들임을 의미한다. 가령, 예를 들면 2D 관점은 햄버거를 다른 브랜드로 탈바꿈하여 만드는 것이지만 3D 관점은 햄버거의 속 내용을 속속들이 들여다 보는 것이다. **당신의 관점이 당신을 차별화시키게 된다.** 당신만의 흥미진진한 게임을 만들어 시작하라. 현실에서 진행되는 게임에는 언제나 참여자가 있다. 당신의 게임에 흥미를 보이고 관심을 표명하는 사람들이 분명 존재하는 것이다.

   3D 관점을 잘 활용한 대표적인 성공사례를 소개한다. 1990년대 초 침대하면 일반적으로 스프링 침대가 보편화된 시기로 이름만 들어도 알만한 메이커들이 시장을 독점하던 시대였다. 그런데 이런 시장에서 주위의 따가운 시선과 무모한 도전이라 생각될 만큼

주변 사람들의 만류에도 불구하고 돌침대 사업에 뛰어든 이가 있었다. 그는 원래 건설기계 임대사업을 하고 있던 중 우연한 계기로 돌침대를 만드는 회사를 설립하게 되었다. 그가 돌연 엉뚱한 아이템으로 그것도 기존의 침대전문회사들이 시장을 장악한 상태에서 굳이 이 사업에 과감하게 뛰어든 이유가 무엇이었을까? 그에게는 경험해보지도 않은 이 사업에 새로운 시도를 하게 된 결정적인 숨겨진 사연이 있었다.

1979년 4월, 그의 아내는 첫 아이를 낳고나서 산후조리를 잘 하지 못해 걸레를 짜지 못할 정도로 몸이 급속도로 쇠약해지면서 몸저 누워있었다. 기력이 떨어지면서 혈액순환이 제대로 되지 않아 고생하는 아내를 위해 무언가를 해야만 했다. 그는 아내가 힘들어하는 상황에 어떻게 하면 혈액순환을 원활하게 할 수 있을까를 심각하게 고민하지 않을 수 없었다. 그러던 중 그에게 어느날 번쩍이는 아이디어가 솟아났다. 그것은 예로부터 온돌이 몸에 깊숙이 열을 전달해 원기회복에 도움을 준다는 사실이 그를 행동으로 옮기게 했다. 그는 온돌에 착안하여 직접 돌을 구해다가 실험해보기로 했다. 몇 장의 화강석을 구한 후 아래쪽에 니크롬 열선을 깔고 방바닥에 아내를 누이게 했다. 그로부터 3개월이 지나자 아내는 몸이 눈에 띄게 회복되면서 마침내 거동을 할 수 있게 되었다. 효과가 눈으로 입증되자 그는 온돌을 이용한 돌침대

사업화가 충분히 가능할 것이라는 확신을 갖게 되었다. 1990년 초에 접어들면서 부터 본격적인 사업화 연구에 착수했다. 2년 뒤 그는 장수산업이라는 회사를 설립한 후 잠실에 조그마한 공장을 차리고 설계와 제작까지 아내와 함께 돌침대를 만들기 시작했다. 그러나 주위의 시선은 매우 따가웠다. 누가 딱딱한 돌침대에서 자느냐? 그렇게 비싼 것을 누가 사겠느냐? 등 돌침대의 효과에 대해 의심하거나 신뢰성에 문제를 제기하는 등 시작부터 심적인 어려움을 안겨다 주었다.

처음 몇 년간은 시행착오도 많이 겪었고 매출도 부진해 1년에 매출 1억 원 조차도 올리지 못했다. 그러던 중 1996년에 그에게 떠오른 마케팅 방법이 있었는데 바로 TV 홈쇼핑을 생각해냈다. TV홈쇼핑에 선전을 하면 반응이 있을 것 같다는 생각이 들어 담당 PD를 찾아갔다. 자신이 직접 제품을 설명할 테니 30분간의 생방송을 허락해달라고 제안을 했다. 제품은 250만 원짜리 25대를 제작하기로 했다. 하지만 PD는 수 백 만원이나 되는 돌침대를 누가 TV홈쇼핑에서 사겠냐며 단박에 거절했다. 그러나 그는 끈질기게 설득하여 시간을 얻어내는데 성공했다. TV화면이 생방송으로 방영되기 시작한뒤 10분이 흘렀다. 갑자기 담당 PD로부터 이어폰으로 주문 전화가 이 시간까지 한통이 없다는 사인을 받았다. 그말에 그는 패기에 찬 목소리로 자신 있게 설명을 진행했으나 이내 기분이

쳐지는 상황으로 돌입하고 말았다. 그래도 낙심하지 않고 설명을 끝마치자 이어 카메라는 바로 돌침대의 클로즈업된 장면을 내보내기 시작했다. 그리고나서 잠시 후 놀라운 급반전이 일어났다. 고객들로부터 주문전화가 빗발치기 시작한 것이다. 15분 만에 준비해둔 25대가 모두 팔린 것이다. 게다가 당일 추가로 125대의 추가 주문까지 받게 되었다. 30분 만에 준비한 수량이 모두 매진되는 초유의 사태가 벌어졌다. 심지어 그 자리에서 예약판매까지 하는가 하면 PD는 1시간짜리 방송시간을 허락했고 하루 7억 원의 매출을 올리게 되었다. 그는 당시 PD의 낙심한 목소리에 심정이 정말 암담했고 이 사업이 정말 희망이 없는 걸까? 하는 깊은 고민에 빠졌었다고 필자와의 인터뷰에서 당시 상황을 감회스럽게 설명했다. 그는 현재 수백억 원 매출을 올리는 중견기업으로 성장시켰는데 그가 바로 '장수돌침대'로 잘 알려진 장수산업의 최창환 회장이다. 부드럽고 안락한 서구식의 침대가 아니라 몸의 건강을 도모하고 침대 역할도 겸한 동양식의 침대 발상이 새로운 시장을 개척하도록 길을 열어 주었다.

이처럼 인간은 각자의 관점에서 이 세상을 바라보고 인식하게 된다. 그런 관점에서 보면 만사는 불행하지도 행복하지도 않으며 오직 순수의도에 의해 시도되고 창조될 뿐이다. 누구는 평범한 인생을 원한다고 하지 않았던가? 그런 인생 역시 관점의 차이에서 오는 인생관이라 볼 수 있다. 평범한 인생이 어떤 기준에 의한 것인지는 시대별 시간의 흐름에 따라 평범함이 당신의 눈에 기대치 이상의 눈높이로 다가올 수 있다는 사실을 알아야 한다. 모든 것은 변화하고 발전되어가기 때문에 생물학적 진화처럼 거대한 기류가 당신을 매일 견인차처럼 이끌어가고 있다는 현실을 직시해야 한다. 당신이 만약 현실에 대한 관점을 지금 이 순간부터 한 발자국씩 전진해가는 모습에 초점을 맞추는 관점을 가지게 된다면 하루하루가 기쁨이 샘솟는 나날을 보낼 수 있다. 그 기쁨이란 당신의 내면에서 깊숙이 차오르는 샘물처럼 늘 행복해하는 기분을 만끽하도록 뇌의 감각중추를 활성화시킨다. 이 기쁨은 수동적이 아니라 능동적인 기쁨이다. 그러면 당장 가진 것이 없더라도 개의치 않고 오히려 그것을 갖게 된다는 강한 믿음이 요구되는 자리에 확신이 자연스럽게 자리 잡게 된다. 당신이 평소 관점을 달리하려는 자세를 갖게 된다면 놀라운 결실을 만들어 낼 수 있다. **관점을 바꾸려하지 않는 성질은 바로 두려움 때문이다. 그 이유는 관점의 차이가 변화와 경험하지 못한 반응을 이끌어내기 때문이다.** 그런 이유로 자신이 원하는 결과의 반응을 이 세상에 요청하기를 두려움이 앞서는 것이다. 즉, 자신이 원하는 긍정적인 반응을 일으키기 위해서는 관점을 달리해야 하는 시도가 필요한데 그 행동으로 옮겨가기를 거부하는 것이다. 왜냐하면 마음은 늘 당신에게 안락함을 일구어 놓으려 애쓰기 때문에 항상 요동치는 현실과 일정한 거리감을 유지해 두도록 비무장지대처럼 당신과 현실사이에 완충지대를 만들어 놓는다.

관점의 차이가 어느정도의 위력을 발휘하는지 한 예를 소개하기로 한다. 한 사람의 관점이 전 세계의 사람들을 놀라운 반응으로 일구어놓은 장본인이 있다. 한국인인 그는 비평가들로부터 조각가, 행위예술가, 비디오 아트의 창시자 등 다양한 이름으로 불려졌는데, 심지어 그를 '환상세계의 여행자'라고 부르는 사람들도 있었다. 그러나 거의 모든 비평가들은 그를 1960년대 초반 이래 포스트모더니즘 계열의 예술가들 중에서 가장 도발적이고 혁신적인 인물이라는 데 주저하지 않는다. 그가 바로 비디오 아트를 창시한 백남준 선생이다.

그는 금세기 최고의 실험적인 작가 중 한 사람으로 한국이 낳은 세계적인 비디오 아티스트이다. 故 백남준 선생은 1932년 7월 서울에서 태어나 2006년 1월 30일 미국 플로리다주 마이애미 자택에서 74세의 나이로 타계하기 까지 비디오 아트 분야에서 획기적인 아이디어를 제안해왔고 여러사람들의 도움을 받아 창작예술 활동을 꾸준히 해왔다. 1996년 6월에는 뇌졸중으로 쓰러져 몸의 왼쪽 신경이 모두 마비되었는데도 불구하고 신체장애를 극복하며 국내외의 도시에서 영상전 등의 다양한 전시회를 열기도 했다. 일본 동경대학에서 공부해온 그는 1956년

독일로 건너가 파격적인 전위예술가로 인정을 받았다. 1963년에는 독일에서 첫 개인전으로 데뷔하였으며, 1974년에 선보인 'TV 정원'은 수많은 모니터의 사용을 통해 비디오 설치라는 개념을 도입하여 설치미술의 새로운 가능성에 문을 열었다. 1982년에는 뉴욕에서 그의 첫 회고전이 열렸고, 2년 뒤인 1984년 1월 1일에 뉴욕과 파리, 베를린, 서울을 동시에 연결하는 세계 최초의 위성중계 작품인 '굿모닝 미스터 오웰'을 생방송으로 추진하여 큰 반향을 불러일으켰다. 이 작품은 TV가 세계를 연결하는 다리 역할을 한다는 것을 보여주는 것으로 당시 생방송으로 위성중계를 한다는 것은 획기적인 시도였다. 굿모닝 미스터 오웰이 시작되는 날 생방송 도중 화면에 블랙현상이 일어나자 그는 스텝들에게 "괜찮아! 이런 실수가 재미있는 거야!"라는 말을 전했다고 한다. 그는 다양한 분야에 종사하는 동료들과 함께 광범위하게 작업을 하며 예술 창작에 대한 정의와 표현의 범위를 확대시켰다. 현대예술과 비디오를 접목시키는 데 결정적인 역할을 한 공로로 '98 교토상을 수상하고, 이어 미국 프랫 인스티튜트에서 미술명예박사 학위를 받았다. 2000년에는 한국 정부로부터 금관문화훈장을 추서받았고 2006년 11월에는 타임지가 선정한 '아시아의 영웅'에 선정되기도 하였다.

  그는 관점을 대단히 중요시한 인물이다. 새로운

예술이 세상을 바꿀 수 만 있다면 좋겠다는 생각으로 사람들의 반응을 중요시 했다. 그의 작품은 모두 사람들의 반응을 살펴보고 그들이 어떤 식으로 대하는가를 살피는데 주안점을 두었다. 한 번은 이런 일도 있었다. 1964년 길거리에서 그는 깡통 로봇을 내세워 인간은 기술의 노예가 아니라는 것과 기술이 인간을 위협하지 않는다는 것을 알리기위한 괴짜 퍼포먼스도 시연하였다. 또한 골동품 부처상을 구입한 후 2년이 흐른 1974년에는 뉴욕 보니노 갤러리에서 네 번째 개인전을 열었는데 TV와 조형물을 합쳐 만든 그의 작품을 보기위해 당시 갤러리를 찾은 평론가와 언론, 관객들은 그의 작품 앞에 일제히 몰려들었다. 가부좌한 부처상 앞에 TV가 있고 TV 뒤에는 비디오카메라가 설치되어 있어, 화면에 부처의 모습이 나오게 만든 〈TV 부처〉였다. 단순한 배치만으로 부처가 TV 화면에 나오는 자신의 모습을 물끄러미 응시하며 깊은 상념에 빠진 듯한 장면이 연출되었다. 이제껏 누구도 시도하지 못했던, 상상조차 하지 못했던 독특하고도 복합적인 작품이었다. 평론가들은 동양의 선(禪)과 서양의 테크놀로지가 만난 기념비적인 비디오 아트의 탄생에 열광했다. 백남준의 명성이 뉴욕 예술계의 지축을 흔들기 시작하는 순간이었다. 백남준의 엄청난 집중력과 탁월한 상상력, 그리고 한계를 모르는 정신세계는 비디오 아트에 본격적으로 몰입해 들어가는 전위적이고 실험적인 공연과 전시로 전 세계에 센세이션을 불러일으켰다. 그는 비디오 예술의 선구자인 동시에 다양한 매체를 통해 예술에 대한 정의와 표현의 범위를 확장시키는데 큰 공헌을 했다. 그의 관점은 다가오는 미래에 기술과 미디어에 인간이 잠식당할 거라는 암울한 예측과는 달리 기술과 소통하는 시대가 올 것이라는 낙관적인 주장을 사람들에게 인식시키고자 했다. 관점의 변화가 새로운 변혁을 가져온다는 것을 실증시킨 것이다. 그는 이런 말을 남겼다. "언젠가 모두가 각자의 TV 채널을 갖게 될 것이다." 라고 우리는 이미 그런 현실 속에서 살고 있지 않은가? 바로 핸드폰이 그것이다.

나는 당신의 진정한 성공을 원하는 조력자이다. 이 책을 통하여 당신의 관점을 달리해보는 습관이 몸에 배길 바란다. 그동안 당신의 시야는 세상이라는 현실을 처음 접할 때 이제 막 태어난 아기의 눈처럼 바깥세상을 보기를 거부한 채 마냥 엄마의 품에서 새근새근 잠들고 있었다. 아기는 아직 이 세상에 온 자신조차 인식하지 못하고 세상으로부터 보호를 받고 있었다. 그러던 아기가 어느 덧 아이로 자라면서 언어로서 표현된 세상의 갖가지 모습을 하나 둘씩 익혀나가기 시작했다. 아이의 눈에는 모든 것이 흥미로움의 대상으로 새롭게 비쳐졌다. 세상은 아이에게 손님을 대하듯 포근한 손길의 내밀며 '아이야, 이게 필요하니?'

하며 원하는 선물을 아낌없이 주려한다. 아이는 원하는 것을 언제든지 갖게 되었다. 그러던 아이는 성장하여 어른이 되면서 세상에 이런 저런 주문을 하며 욕심과 고집을 부리기 시작한다. 그런데 세상은 그 순간부터 냉혹한 현실로 등을 돌리고 적대시하는 태도를 보이기 시작한다. 세상은 점차 차가운 현실로 냉랭한 기운에 원하는 것을 쉽게 내주려 하지 않는다. 다가가면 자꾸 멀어지는 현실의 줄다리기 게임에 그만 말려든 것이다. 당신은 힘껏 당기려 하지만 현실은 눈곱만치도 꿈쩍하지 않는다. 비로소 현실이 당신 뜻대로 따라주지 않는다는 것을 알면서부터 당신은 자신의 부족함을 탓하기 시작하고 문제에 집착하며 이 세상에 불평, 불만을 토로하기 시작한다. 당신의 태도는 이 세상과 맞서 싸우려는 투쟁정신으로 무장되고 현실은 전투장으로 변해버리는 것이다. 그 순간부터 현실은 광활한 바다 한가운데로 당신을 내몰아칠 것이다. 당신이 방향을 제대로 잡지 않고 넘실거리는 풍랑의 파도를 역행하려 하면 여지없이 바다의 거친 물살에 내동댕이치고 말 것이다. 당신은 현실에 대해 이런 저런 물음을 던지게 된다. 현실과의 밀고 당기는 줄다리기 게임에서 벗어나야 한다. 거대한 웨이브에 맞서지 말고 그것에 편승하여 오히려 적극 활용할 줄 아는 지혜를 가져야 한다.

필연적으로 일어나는 우연이 일어난다

주변에서 일어나는 현실의 다양한 모습에서 당신은 바로 눈앞의 광경에 온갖 신경을 쓰고 있다고 해도 과언이 아니다. 까마득히 멀리 있는 미래의 현실은 당신에게 있어서 현재의 현실보다는 그다지 중요해 보이지 않는다. 왜냐하면 미래에 일어날 일들은 아직 당신에게 기대감과 흥분을 불러 일으킬만한 일들이 아직 일어나지 않기 때문이다. 아마도 지난날 당신의 과거는 자신의 예상대로 필연적으로 일어나리라고 기대되는 날들이 그리 많지 않았을 것이다. 반대로 정말 뜻밖의 현실이 당신을 기쁘게 해준 날도 있었다. 현실은 요지경처럼 한 치 앞도 예측할 수 없는 종잡을 수 없는 반응을 보인다. 마치 손으로 잡으려면 이리저리 빠져나가려는 미꾸라지처럼 당신이 쥐려고 안간힘을 쓰면 세상은 요리조리 피해다닌다. 게다가 당신이 기대를 높게하면 높일 수 록 그 증세는 더욱 심해진다. 그러니 아예 기대를 하지 말라. 대신 나는 기대를 접고 설렘을 가질 수 있는 마인드 튜닝을 권한다.

만약 신이 우리에게 앞날을 예측할 수 있는 능력을 누구에게나 평등하게 부여했다면 우연의 발생이란 있을 수 없으며 오직 각자의 필연적인 현실만이 난무하는 각축장으로 변하게 될 것이다. 그래서 신은 각자에게 앞날을 볼 수 없도록 했다. **대신 신은 당신에게 전혀**

1. 당신에게도 엄청난 웨이브를 일으킬 잠재력이 존재한다

예측할 수 없는 크고 은밀한 일을 네게 보이리라는 메시지를 분명하게 주었다. 이 메시지는 앞날에 신경을 곤두서기보다는 현실에 충실하며 당신이 할 수 있는 범위의 한계까지만 노력을 다하고 당신의 한계를 넘어서는 나머지 모든 것은 신에게 맡겨두라는 해석으로 받아들이면 된다. 이때 그 어떤 기대도 기대하지 말라. 기대함은 그것이 어떻게든 이루어져함을 초조하게 기다리고 있는 것이다. 기대는 상실감을 만들어내는데 선수다. 기대하지 말고 그것을 설렘으로 바꾸어야 한다. 설렘이 당신의 가슴에서 일어난다면 그 일은 탄력을 받고 있는 것이다. **당신의 기대가 설렘으로 전환될 때 뜻밖의 행운의 일들이 필연적으로 일어날 것이다.**

당신에게 우연은 그다지 반갑지 않은 현실로 비쳐질 수 있다. 왜냐하면 우연히 일어나는 일치곤 당신에게 극적으로 유리하게 전개되는 적은 별로 없었기 때문이다. 그래서 당신은 바깥세상의 우연의 일들을 등한시하고 멀리하게 되었다. 그 결과 주변 세상에서 일어나는 온갖 뉴스와 사건들에서 당신의 귀와 눈은 점점 닫혀 지기 시작한다. 그 일들은 당신의 일과 직접적인 관계가 없다고 생각하기 때문이다. 시야는 좁혀지고 그 결과 생각의 틀도 작아지면서 당신에게 일어날 행운의 우연은 극히 좁은 문으로 들어가게 된다. 남들에게 일어나는 행운이 때로는 우연한 것으로 보여지는 이유는 당신이 그를 좀처럼 인정하려 들지 않기 때문이다. **관망하는 자는 언제든지 비판을 가할 수 있지만 필연적이거나 우연적인 행운과는 거리가 멀다.** 그들은 행운을 잡을 권리를 스스로가 포기하고 있는 것이다. 반면 우연과 필연의 갈림길에 서있는 당신이라면 둘 중의 하나를 갖게 된다. 무슨 말일까? 당신은 감독이지 않는가? 감독은 시나리오를 꿰차고 있다. 아주 흥미진진한 시나리오를 가지고 연출하는데 전념을 다하고 있는 것이다. 그러니 미래에 대해서는 큰 걱정을 하지 않는다. 시나리오대로 현실이 흐르도록 물꼬를 터가고 극적인 반전을 일으키는 당신의 연출에 세상의 관객들은 한치 앞의 우연과 필연적인 장면의 기대감에 흠뻑 젖어있는 것이다. 그 일이 우연히 어느 순간 때에 맞춰 일어나도 좋고 조만간 필연적으로 일어 날 수 밖에 없다는 사실을 안다면 정말 기뻐 날뛸 것이다.

자칫 무시할 수 있는 작아 보이는 스쳐가는 우연들을 소중히 보살펴야 한다. 작아 보이는 우연들이란 당신에게 그저 스쳐지나가는 거리낌 없이 무관한 현실의 광경들이다. 잊어버릴 수 도 있고 어쩌다 어떤 계기로 생각날 수 있지만 **그 작아 보이는 우연들이 당신에게 이롭게 작용하려면 그 모든 것에서 느끼고 영감을 받도록 해야 한다.** 그것만이 당신을 우연처럼 전개되는 현실의 영화장면에서 잔잔한 감동과 기쁨을 준다면 최상의 지름길 코스를 밟아가게 될 것이다. 그 현상은 마치 이렇게 전개된다. 원하는 목적지로 가는 길목을 마치 네비게이션에 의해 착착 일러주는 듯 한 느낌을 받게 된다. 사실 당신이 진짜 원하는 것은 그것이 아닌가? 목적지만 정하면 자동차의 네비게이션은 당신이 출발하는 시점부터 친절하게 최적의 코스를 목적지까지 안내해준다. 마찬가지의 원리로 현실에서 전개되는 온갖 형태의 현상에서 당신에게 전달되는 신호는 긍정과 부정적인 두 가지관점으로 분류되어 그때그때 처리되고 그 결과 마음은 항상 그것이 나에게 득이되는지 실인지를 따지기 위해 계산기를 두두리는 분주한 움직임을 보인다. **마음의 저울질 하려는 생각보다는 먼저 느껴보는 습관을 갖도록 하라.** 주변의 일어나는 현상을 마음이 판단한 결과 얼마나 딱딱 맞아 떨어졌는가? 당신이 마음의 판단에 비중을 두면 둘 수 록 더 괴로운 날이 많게 된다. 내 자신이 진두지휘하는 모습이 영 마음에 들지 않는 이유가 여기에 있다. 처음부터 끝까지 마음이 앞장서고 가슴은 끌려가는 형상을 줄곧 유지하기 때문이다. 당신의 주인은 가슴이다. 영혼과 마음의 역전현상은 당신에게 갈등만 조장시킨다. 주객이 전도되었으니 본래 주인의 권한은 가슴이지만 마음이 나서서 대장노릇을 하니 당신은 늘 크고 작은 갈등 속에서 이러지도 저러지도 못한다. 이제부터 나의 권한을 가슴에 위임하면 만만치 않던 냉정한 주변 현실이 푸근한 현실로 바뀌게 된다. 이 말은 당신의 시야에 그 순간부터 현실에서 일어나는 우연의 일들에서 현실과 밀착되어 흔들림 없는 자세를 유지해가면 당신이 쥐고 있던 핸들의 방향조작은 현실이 알아서 대신 해주는 놀라운 일이 벌어지게 된다. 다시 말해서 **현실이 당신의 가슴에서 명령하는 것에 동의하듯 완벽한 현실 짜맞추기가 일어난다.** 그것이 어떻게 일어날지는 아무도 예측할 수 없다. 그래서 그것을 당신은 우연이라 부른다. 그러니 이 우연의 일들이 당신에게 어떤 방식으로 돌아갈 지 예측하려 들지 말라. 단지 나의 뜻대로 필연에 맞추어 일어나고 있고 그렇게 되어가고 있음을 받아들여라. 그러면 **그 일이 이루어질 가장 최적의 시기를 현실(세상)이 택하고 정한대로 일어난다. 이것이 우연히 일어나는 것처럼 보이는 필연의 법칙이다.**

2

웨이브현상을 뒷받침하는 근거들

『거대한 웨이브가 일어나는 현상은 가히 그 위력이 폭발적이다. 작은 물결이 에너지를 모아 거센 파도를 만들어내듯 웨이브 효과는 돌풍과 맞먹는 엄청난 파급효과의 영향력을 현실에 미친다. 웨이브가 처음부터 일어나는 것은 아니다. 웨이브의 저력은 이미 현실에 잠재해있는데 그 힘은 언제든지 활용가능하고 촉발시킬 계기가 주어지면 걷잡을 수 없을 정도로 급속도로 퍼져나간다. 웨이브가 일단 일어나게 되면 그 다음부터는 스스로 가동되는 힘이 축적되어 더 이상 에너지를 가하지 않아도 특정기간 동안 움직여가는 특징을 가지고 있다. 그러나 웨이브 자체도 에너지를 소모하며 가동되기 때문에 언젠가는 그 힘을 상실하고 만다. 흥미로운 사실은 웨이브현상이 특정인에게만 작용하는 게 아니라 당신을 포함한 모든 사람들에게 웨이브가 작용하는 엄청난 기회가 항시 주어진다는 것이다.』

2장에서는 웨이브 현상이 실제로 현실에서 일어나고 있음을 뒷받침하는 근거들을 사례와 함께 살펴볼 것이다. 무수한 놀라운 발견들이 그렇듯이 처음에는 외면시 당하거나 인지하지 못한 채 파묻히고 있었다.

웨이브 현상 역시 이미 존재함에도 불구하고 그 작동 이치를 모른 채 아직 활용되지 못하고 있는 지하자원처럼 잠자고 있었다. 웨이브현상이 일어나려면 거대한 에너지가 축적되기 위한 연결 끈을 가지고 움직여가야 한다. 이렇게 가다보면 에너지는 점점 더 축적되어지고 스스로 가동되는 현상이 일어나게 된다. 당신이 할 일이란 거기까지 이다.

사람은 누구나 작건 크건간에 원하는 결과를 빨리 알고 싶어 하는 심리가 발동한다. 반면 이 세상은 의외로 복잡한 체계 속에 움직이고 있어 진도가 느리게 진행되는 것처럼 느껴지기도 한다. 또 어떤 경우는 아예 정지된 것처럼 보이기도 한다. 나는 이 현상의 이해를 돕기 위해 체인 이펙트 *chain effect* 라는 개념을 도입할 것이다. 현실에서 일어나는 모든 현상은 연결점을 가지고 힘을 전달하는 체인효과에 의해 미래의 현실이 현재의 현실로 나타나게 된다. 즉, 시간은 미래로 흘러가는 것이 아니라 미래에서 현재로 다가오는 것이다. 그렇게 되기까지 체인은 연속해서 빠르거나 천천히 움직이고 어느 시점에는 잠시 정지된 채 머물고 있을 수 있다. 바로 이 현상이 현실에서 일어나는 느리고 빠른 잠시 정체된 듯한 느낌을 주는 것과 정확히 일치한다. 체인 이펙트는 시간의 흐름에 대한 이해를 잘 대변해준다. 어떤 상황에서건 체인은 어느 시점에 또 다시 움직일 채비를 한다. 체인효과는 연결점 *link point* 을 갖지 않고서는 절대 현실의 반응을 일으킬 수 없다. 거대한 웨이브는 바로 이 체인효과에 의해 한 개인의 인생을 극적인 변화모드로 진입하게 한다. 일단 웨이브의 물결을 타게 되면 토네이도 태풍처럼 그동안 축적된 에너지로 인해 일순간에 거침없이 통제가 불가능한 상황에 치닫는 거대한 세력권을 형성시킨다. 잠잠했던 시간을 지나서 엄청난 변화의 파도가 밀어닥쳐 현실에서 폭발적인 반응이 일어나게 된다. 가장 위대한 역사는 조만간 다가올 미래의 현실에 일어나는 것임을 잊지 말라!

티핑 포인트 *Tipping Point*

미국의 저널리스트로 활동하고 있는 말콤 글래드웰의 베스트 셀러인 『티핑 포인트』에서 그는 매우 흥미로운 사실을 설득력 있게 설명해주고 있다. 그가 전하는 티핑 포인트란 이 세상에는 작아 보이는 어떤 현상이 어느 시점에 도달하기 까지는 아주 느리게 진행되다가 예기치 못한 급격한 변화가 어느 순간부터 갑자기 폭발하듯 일어나는 임계점이 있다고 말한다. 티핑 포인트는 마치 바이러스에 전염되는 것처럼 폭발적으로 확산되는 촛불집회나 데모와 같은 사회학적인 현상, 입소문에 의한 대량 구매효과 등 곳곳에서 다양하게 일어남을 볼 수 있다. **티핑 포인트의 특징은 처음에 아주 작게 보이는 행동과 결과가 나중에 엄청난 영향력을 발휘하면서 결국에는 급격한 변화를 이끌어 낸다는 점에 있다.**

티핑 포인트를 이해하기 쉬운 세가지 예가 있다. 당신이 맛있는 요리를 급히 준비하려 한다. 냄비에 물을 가득 붓고 음식재료를 빨리 익히기 위해 화력을 최대한 세게 지피더라도 당신은 일정시간을 기다려주어야 한다. 잠시 후 어느 시점부터 기포가 생겨나기 시작하면서 물이 팔팔 끓기 시작할 것이다. 물은 끓기 시작하는 임계점에 도달하기까지는 서서히 데워지기만 할 뿐 끓지는 않는다. 일정 시간까지는 아무런 반응이 없는 것처럼 보이지만 이미 반응을 일으키기 위한 에너지 축적작용이 빠르게 진행되고 있는 것이다. 그 시간이 당신의 조급함으로 인해 상대적으로 길게 느껴질 수 도 있다.

당신은 또 모처럼 겨울 휴가 차 산 속에 자리 잡은 멋진 별장에서 추운 밤을 따뜻이 지내기 위해 낮에 화로용 장작을 패야 한다. 거목을 쓰러뜨리기 위해 도끼로 수차례에 걸쳐 같은 자리를 찍어야만 한다. 나무는 도끼질의 수차례 공격에도 끄떡하지 않을 것이다. 그러나 나무를 지탱하는 중심이 균형을 잃기 시작하는 순간부터 거목은 한쪽으로 조금씩 기우는 현상을 보이며 최종 마지막 타격에 결국 거목의 웅장한 자태는 힘없이 땅바닥에 쓰러지고 만다. 당신의 작은 시도가 거목에게는 가당치않게 보이겠지만 이미 거목은 균형이 깨져나가는 상황에 돌입한 것이다.

눈덩이 효과는 어떤가? 눈 덮인 산 정상에서 손아귀에 들어가는 작은 눈뭉치를 만들어 굴리는 실험을 한다고 했을 때 어떤 현상이 벌어질까? 주먹만 한 작은 눈뭉치는 처음에 아주 천천히 구르기 시작할 것이다. 그러면서 산 표면에 싸인 눈을 묻혀가며 점점 덩치가 커져가게 된다. 동시에 눈덩이의 무게 또한 늘어나기 시작하면서 가속도가 붙어 더욱 빠른 속도로 굴러가기 시작할 것이다. 시간이 흐를 수 록 작은 눈덩이는 어느새 감당할 수 없을 정도의 집채만 한 크기로 커져가게 된다. 중간 중간에 서있는 나무들은 힘없이 쓰러질 정도로 휩쓸고 지나가는 강력한 힘을 발휘하게 된다. 이처럼 작은 시도의 감행이 물꼬를 트는 계기로 강력한 힘의 작용이 일어나게 된다.

당신이 시도하는 일이 현실에서 가시적인 현상으로 나타나려면 세상이 그것에 반응할 충분한 시간을 조건 없이 허락해야만 한다. 만약 그 시간을 끈기 있게 기다려 주지 못한다면 당신의 조급함이 일을 그르치게 할 것이다. 당신에게는 오히려 그 시간이 설렘으로 다가오는 과정이어야 한다. 중간에 어떤 반응이 일어나는지를 세밀하게 살펴나가고 소중히 돌보면서 나아가라. 한 개인의 성공에 다다르는 과정에서도 티핑포인트는 곧 잘 먹혀들어간다. 남들이 우습게 생각하고 여기던 것이 시장에서 폭발적인 반응을 이끌어내기도 한다. 제품을 구매한 고객은 실제 써보기도 전에 이미 마음에서 이끌림의 감정을 느낀 것이다. 욕구충족의 만족지수가 올라갈 수 록 그들은 타인들에게 제품의 탁월한 우수성을 스스로 나서서 선전해준다. 사용자가 전도자로 변하는 것이다. 전도자는 당연 가장 가까운 지인이나 친구들에게 전하기 시작할 것이다. 전도자로부터 메시지를 수신 받은 사람들은 평소 잘 아는 친분이 있는 사람으로부터 직접 들은 얘기이기 때문에 귀를 쫑긋 기울이게 된다. 이들은 자신이 아는 지인들이 추천하는 말의 내용에 이의를 달지 않는다. **붐업은 바로 이 아무런 거리낌 없는 절대 수긍이라는 바탕위에서 일어나기 시작하는 것이다.**

   티핑 포인트의 진정한 매력은 탄력을 받기 전까지는 희미한 아무런 반응이 거의 없는 것처럼 보이다가 예상치 못한 시점에 급격한 변화가 두드러지게 나타난다는 점에 있다. 지금 당장 보기에는 멈춘 것 같아보여도 실패한 것처럼 보여도 개의치 말라. 당신이 그런 기간만 이겨낸다면 인내한 만큼 나중에 주어질 보상을 기대해도 좋다. 반드시 좋은 소식들이 곳곳에서 들려올 것이다. 티핑 포인트의 그래프는 탄력을 받기 시작한 시점에서 가파른 상승곡선을 타게 된다. **상승기류를 타기 위한 티핑 포인트가 일어나는 결정적인 역할에는 공감이 큰 작용을 한다.** 그것이 제품이건 무형의 서비스 제공이건 관계가 없다. **공감은 인간의 의식수준에 있지 않고 내면의 감정에서 동의하는 말없는 수긍의 목소리이다.** 이 세상 사람들 모두가 당신의 생각과 주장에 공감하기를 기대하지 말라. 적어도 당신의 의견에, 시도하는 행동에 공감하고 전적으로 찬성표를 던지는 지지자들은 늘 있게 마련이다. 처음엔 그들을 공략하라. 소수의 그들에게 힘을 실어주라. 그들에게 진정으로 진심을 전하라. 그러면 극소수의 지지자들이 메신저가 되어 당신에게 무반응을 보이던 사람들에게까지 전파하게 된다. 메시지의 전이효과는 결국 그들로 하여금 생각을 바꾸게 하고 공감을 이끌어 내도록 한다.

당신이 성취하고자 하는 목표에서 강렬히 원하는 것은 목표에 대한 기대치의 도달이다. 목표의 완수에서 만족하는 성취의 만족감이 아니라 목표가 이루어짐과 동시에 그 파급효과가 절정에 달하는 순간을 목격하고 싶은 것이다. 티핑 포인트 현상의 받아들임은 당신의 마음에 위안을 줄 것이다. 이제 현실이 반응하는 이치를 알게 되었고 미래에 있을 결과에 대해 의심하려는 약은 생각을 거둘 수 있기 때문이다. **사람이 두려워하는 가장 큰 이유는 확신의 부족에서 오지만 그렇게 해야만 되는 이치를 분명히 깨닫게 되면 확신은 저절로 스며들게 된다.** 그럴 때 당신의 태도는 의연해진다. 당신이 가질 태도는 이 책에 담긴 내용을 전폭적으로 신뢰하는 것이다. 그러면 당신의 사고방식과 현실에 대한 인식의 전환은 스스로 재 정렬을 시작하게 된다. 현실을 바라보는 관점이 바뀌게 되고 독특한 안목으로 남들이 못 보던 것을 투시하게 된다. 당신의 생각과 행동에서 소소한 기쁨과 즐거움이 임한다면 당신은 이미 순풍이 불어오는 방향으로 돛대를 펼치고 제대로 키를 잡고 있는 것이다.

2012년 대중을 위한 댄스 음악을 펼쳐오던 한 젊은이의 곡이 전 세계인의 이목을 집중시키는 놀라운 폭발적인 반응을 불러 일으켰다. 유튜브 *Youtube* 라는 동영상 공유사이트를 통하여 그의 댄스 음악 동영상은 단 시간 안에 입소문에 의해 급속히 퍼져나갔다. 폭발적인 조회 수 기록은 물론 'CNN', 'LA타임즈', '월스트리트저널' 같은 미국의 유수 언론 매체들조차 지대한 관심을 표명했다. 게다가 유명 뮤지션들이 그의 독특한 춤과 안무에 반해 시연을 하는가 하면 유명배우들과 가수들이 내뱉은 한마디가 그의 인기를 더욱 고조시켰다. 또한 일반인들도 커버댄스 *Cover dance* (특정가수의 춤과 노래, 스타일을 따라 하는 것)나 커버송 *Cover song* 부분을 패러디 *parody* (작품을 흉내거나 모방하는 것)하여 만들어내기도 했다. 그들의 참여는 이 청년의 인기를 승승장구로 띄워 주었다. 어떠한 직접적인 홍보도 하지 않은 이 댄스 음악에 전 세계의 젊은 층들은 열광을 하면서 웃어가며 그의 춤을 따라하는 패러디 영상을 유튜브에 올리기도 했다. 그런가하면 SNS를 통하여 자신의 친구들이 뭣 때문에 열광하고 즐거워하는지 궁금하게 만들었고 그 결과 이 댄스 음악은 전 세계에 거대한 웨이브를 일으켰다. 바로 이 곡이 한국인 가수 싸이의 "강남 스타일"이다.

미국 유력 온라인 뉴스 매체 허핑턴 포스트(Huffington post)는 "싸이의 '강남스타일' : 거부할 수 없는 중독성 강한 케이팝 스타의 귀환"이라는 제목으로 기사를 게재했다. 강남 스타일은 불과 몇 주 만에 국내가 아닌 전 세계 무대에서 등극을 하는 기염을 토하고 짧은 기간 안에 유명세를 타는 국제적인 인기를 몰아가는 월드 가수가 되어있었다. 동양인이 만든 댄스 음악이 이토록 미국인을 열광하게 만든 저력은 어디서 온 것일까? 그의 인기비결은 문화와 언어, 인종을 초월하는 압도적인 카리스마의 에너지 발산과 독특한 끼가 혼합된 누구나 쉽게 따라할 수 있는 말 춤에 재미와 폭소가 가미된 뮤직 비디오로 흥을 돋우는데 있었다.

가수 싸이는 2001년 '새'라는 데뷔곡을 탄생시키면서부터 챔피언 등 히트곡을 만들면서 역동적인 에너지를 분출하는 자신만의 독특한 방식의 춤과 끼로 독자적인 스타일을 구축해갔다. 그런 그가 이전에 인기를 끌었음에도 불구하고 세계적인 가수대열에 끼지 못했을까? 당시에는 국내와 국외를 연결시키는 연결점인 SNS와 누구나 무료로 동영상을 올려 공유하여 볼 수 있는 유투브도 없었다. 게다가 대중적인 엽기 가수로서 가수 생활 중간에 마약과 관련한 사건, 대체 복무 관련법 위반 문제 등 불명예스런 일들을 겪으면서 한 때 가수활동에 치명적인 지장을 주기도 했다. 싸이의 각인효과가 기복이 심한 상태에서 브랜드 이미지의 타격을 가해 지속적인 탄력을 받지 못하게 했음에도 불구하고 그는 이에 개의치 않고 대중적 관심의 끈을 놓지 않았다. 대중들이 어려운 상황에서 힘을 받고 다시금 에너지를 솟아오르게 하는 역동적인 댄스 음악이 어떨까? 착안하고 자신만의 스타일로 춤과 노래를 절묘하게 엮어내어 만든 뮤직 영상이 전 세계인의 주목을 이끌어내는데 성공했다. 당초 그는 강남스타일을 해외시장을 겨냥하고 만든 것은 아니었다. 그런데 이 한 곡이 그를 세계적인 스타반열에 오르게 했고 국제무대에 서게 하여 지나온 10여년의 세월에 대한 노력의 보상을 일시에 갚고도 남도록 해주었다. 버클리 음악대학을 나온 그가 이처럼 싸이 돌풍을 일으키며 뜨거운 반응을 얻어내기 까지 그는 무려 12년간의 세월을 보내왔다. 싸이 열풍은 가수 싸이 조차도 전혀 예측하지 못한 기대이상을 넘어서는 엄청난 웨이브의 파도에 편승한 케이스에 속한다.

가수 싸이의 사례는 두 가지의 교훈을 던져준다. 첫 번째는 그의 성공이 현재의 트렌드를 따라가지 않고 독자적인 스타일의 트루 컬러 *True Color* 를 살려 자신의 신조에 따른 행동으로 실행했다. 두 번째는 자신의 급성장을 위한 조급함을 멀리한 채 펜들과 함께 하는 시간들을 즐기는 가수로서 한 곡 한 곡에 특유의 독창적인 노래와 춤을 창조하는데 열정을 쏟았다. 싸이의 히트곡은 여러 곡이 있었지만 유독 강남 스타일이 전 세계적으로 돌풍을 일으키도록 촉발시킨 단서는 한 여직원의 가벼운 제안에서 출발했다. 여직원의 안목은 싸이의 신작 영상이 충분히 전 세계인의 주목을 이끌어낼 수 있겠다는 호기심과 기대감이 작용해 그에게 시도해 볼 것을 한 번 권유한 것이다. 실패할 지도 모르는 무모한 도전이 아니라 유쾌한 시도가 그를 띄우게 했다. 당신도 그렇게 해야 하는 이유는 세상과 대립하는 자세로 싸울 필요가 없기 때문이다. 세상은 당신이 태어나기 전부터 이미 모든 것을 갖추고 배려해왔다. **신은 당신에게 필요한 모든 것을 세상에 창조하여 주셨기 때문에 신이 마련해준 것과 도전하며 싸운다는 것은 무모한 짓이다. 당신이 세상과 사이좋게 지내는 방법의 시작은 세상으로부터 보여지고 느껴지고 듣게 되는 감각의 통로를 활짝 열고 세상으로 부터 잔잔한 감동을 체득하는 것에서 출발한다.** 그러면 에너지의 흐름은 막힘없이 흐르게 되고 당신은 그 흐름에서 미묘한 모종의 신호를 캐치할 수 있다. 이 현상은 당신이 목적한 바를 세우고 준비상태에 놓여있을 때 가능해진다. **웨이브를 촉발시킬 모종의 단서는 특이한 주의를 끄는 모종의 신호를 낚아채기 하는데서 만날 수 있다.** 당신은 주위의 말소리에 절대 이끌리지 말고 조용히 당신만의것을 디자인하고 완성해 가는데 기쁨을 만끽하라.

S자 곡선이론의 점프 업 *Jump Up*

모죽이라는 대나무가 있다. 이 대나무는 한국, 중국,

일본지역에서만 자생한다고 알려져 있다. 모죽의 특징은 씨를 뿌리고 난 뒤 땅이 척박해도 기름져도 이에 상관없이 단지 땅위에 작은 순만 조금 보일 뿐 눈에 띄는 성장의 변화를 전혀 보이지 않는다. 그것도 5년간을 거의 성장을 멈춘 것처럼 그러다가 5년이 지나면 갑자기 하루에 60~70 cm 정도의 크기로 무시무시한 성장속도를 보이기 시작한다. 약 6주간 쉬지 않고 하늘을 찌를듯한 파죽지세의 기세로 30m 가 넘게 훌쩍 성장한다. 모죽이 이렇게 표면적으로는 전혀 성장 변화를 보이지 않는 것처럼 여겨지지만 그 이면에는 긴 세월동안 땅 속에서 깊게 뿌리를 내리고 있는 과정이 진행되고 있었다. 실제 모죽의 신비스런 성장과정의 비밀을 조사 연구하기 위해 땅 속을 파본 결과 3~4km 정도의 넓은 반경에 걸쳐 뿌리가 뻗어나간 것을 보고 놀라지 않을 수 없었다고 한다. 이처럼 모죽은 다른 나무들과는 달리 5년간 세상에 자신의 모습을 드러내지 않은 채 묵묵히 때를 기다리며 본격적인 성장을 위해 준비를 착실하게 다져가고 있었다.

  모죽의 성장과정은 한 개인의 성장과 성공을 위한 몇 가지 교훈을 분명하게 던져준다. 첫째, 남들에게는 전혀 신경을 끊고 남과의 비교도 하지 않는다. 둘째, 침묵과 인내로 성장을 위한 준비를 부단히 다져나간다. 셋째, 초기 단계의 어려움과 난관을 고난이라 여기지 않는다. 모죽이 다른 나무들을 결국 능가할 수 있었던 점은 자신에 주어진 유일한 성장 능력의 비밀 코드를 전적으로 신뢰하고 있었다는데 있다. 성장은 시간이 지나야만 보이게 되는 법이지만 모죽에게는 성장이 예외에 속하는 듯했다. 보이지 않는 내면의 성장 비밀을 아무도 모른 채 겉보기에 태연하게 지내면서 속에서는 태풍과 지진, 강한 비바람에도 끄떡없는 초고층 건물을 세울 준비가 착착 진행되고 있었다. 눈으로 거의 감지하기 어려울 정도의 마치 달팽이가 바닥을 느리게 기어가는 것처럼 초기 단계를 거쳐 일정 기간이 지나게 되면 어느 순간부터 갑작스런 빠른 흐름을 타게 되는 성장단계를 보인다는 것이다. 이 과정을 이론으로 정립한 학자가 미국의 미래학자인 그레이엄 몰리터로 1977년 'S자 곡선이론'이라는 이름을 붙여 세상에 발표를 했다. 이 이론에 따르면 **어떤 하나의 흐름은 거의 감지하기 어려운 초기단계를 거쳐 미미할 정도로 느린 성장단계로 진행된다. 그런데 이 시간이 일정정도 지나면 어느 순간부터 갑자기 빠른 흐름으로 이어지는 성장단계를 보인다. 마지막에 오는 빠른 성장단계는 누구라도 금방 알아볼 만큼 사람들에게 영향을 미친다는 것이다.** 어떤 특정흐름만이 아니다. 하나의 상품이 탄생하는 것부터 정부정책까지 일종의 생명력을 갖는 것들은 모두 S자 곡선의 굴곡을 거치게 된다. 탄력을 받는 순간에 이르기까지 무척 느리게 진행되는 시간을 겪게 된다는 사실이다.

당신도 잘 아는 스타벅스 커피숍은 오픈을 한 후 약 5년간을 매출액이 수평선을 그었다. 이 후 스타벅스는 급템포로 성장하기 시작하면서 오늘 날 전 세계에 수만개의 매장을 가지고 있다. 1945년 미국 아칸소에서 시작된 작은 가계는 가장 싼 가격에 생활필수품을 제공하는 월마트이다. 창업자인 샘 월튼은 무려 7년이 지난 후에야 두 번째 가계를 열었다. 25년이 지난 1970년에 가서야 서른여덟번째 가계를 열 수 있었다. 그리고 그때서야 가속도가 붙기 시작했다. 2000년 월마트는 전 세계에 3,000개 점포와 1,500억 달러의 매출을 올리는 큰 기업으로 성장해갔다. 이와 유사한 신화는 KFC를 만든 커넬 샌더스의 예에서도 살펴 볼 수 있다. 그가 50세를 넘겨 간신히 음식점을 장만하자 그만 주변에 고속도로가 뚫려 식당을 접게 되었다. 그의 나이 65세였다. 수중에 남은 돈은 불과 105달러였다. 그에게 남은 것은 닭튀김 노하우뿐이었다. 그대로 주저앉을 수 밖에 없는 상황에서 그는 낡아빠진 트럭을 몰고 닭튀김 노하우를 누군가에게 팔아볼 심산으로 미 전역을 돌아다니기 시작했다. 가계에 들어서면 닭튀김 노하우의 전수 조건으로 닭 한 마리 판매당 얼마를 지불해달라는 조건을 내세웠다. 가계 주인들은 선뜻 그의 제의를 받아들이지 못했다. 만나는 사람들마다 덥수룩한 초췌한 모습의 노인이 제안하는 것에 의심의 눈초리를 보냈다. 사기꾼 취급을 받으면서도 그는 무려

1,000번을 넘도록 이곳저곳 가게를 찾아 헤매면서 노크를 했다. 마침내 1,100번째 식당에서 조리법을 사겠다고 했다. KFC신화의 1호점은 그렇게 탄생했다. 1952년의 일이다. 현재 매장 수는 전 세계에 만개가 넘는다.

그뿐인가? 구글 *Google* 도 전 세계인의 주목을 받기까지 6년의 시간이 걸렸다. 대표적인 SNS인 트위터 *Twitter* 는 불과 창업 3년 만에 세계적인 기업으로 성장했다. 유튜브는 2005년 2월 첫 서비스를 개시한 이후 회원가입이 급속히 늘기 시작하면서 18개월 뒤에 무려 16억 5000만 달러라는 천문학적인 금액에 구글이 사갔다.

2014년 9월 19일 미국 뉴욕거래소 상장의 빅뉴스가 전세계를 강타했다. 이 날 92.70달러에 첫 거래가 이루어지면서 공모가(68달러)보다 38.09% 상승한 93.89달러에 마감해 시가총액 2,314억4,000만 달러(약 241조 6,000억원)를 기록한 중국의 IT 기업인 알리바바그룹이 있다. 페이스북, 이베이, 아마존 등과 같은 기존의 거대 공룡기업들을 모두 제치고 미 증시에 네 번째로 큰 기업으로 상장되었다.

1999년 자본금 50만위안(8,500만원)으로 회사를 창업한 지 15년 만에 매출 250조원에 달하는 세계 최대의 온라인 전자상거래 업체 1위로 우뚝선 중국의 알리바바그룹은 거래량이 아마존과 이베이를 합친

것보다도 많고 중국 GDP의 2%에 달하며 아마존과 삼성전자보다도 규모가 크다. 2007년 중국 전자상거래 전체 시장점유율 80퍼센트를 달성한 이후 7년간 단 한 번도 1위 자리를 내준 적이 없을정도로 독주를 하고 있는 기업이다. 2003년 그가 세운 또 다른 계열기업인 타오바오닷컴은 날마다 10억 개 이상의 물건이 거래될 정도로 중국의 시장을 장악하여 잭팟을 터뜨리는 엄청난 성공을 거두었다. 그렇다면 인터넷 분야의 온라인 사업에서 이처럼 어마어마한 성공을 거둔 알리바바그룹을 세운 인물은 누구일까? 당신의 생각은 아마도 이 정도 규모의 회사를 성장시킨 사람이라면 컴퓨터와 인터넷에 해박한 지식을 가지고 모든 면에서 대단한 능력을 갖춘 인물일 것으로 판단을 할지도 모르겠다. 만약 그런 생각이 든다면 당신은 정확히 잘못된 편견을 가지고 판단을 한것이다.

놀라운 사실은 이 그룹을 세운 장본인인 창립자가 컴맹이라는 사실이다. 그는 사실 인터넷과 컴퓨터 기술분야에 문외한으로 이메일 정도밖에 사용하지 못했다. 그런 그가 2010년 9월《포천》지는 능력과 영향력을 기준으로 선정한 올해의 세계 IT 업계에서 가장 뛰어난 인물 50인에 선정되었고 '알리바바 제국이 전 세계로 확장되고 있다'는 평을 받기도 한 마윈이다. 그의 순자산은 1,500억위안(약 218억 달러-한화 22조 6,000억원)에 달해 중국 최대 갑부의 대열에 끼었다.

1964년 저장성 항정우에서 태어난 그는 그다지 잘 생기지도 못한 볼품없는 외모와 키가 160cm도 채 못되는 작은 키에 체구도 50kg에 미달하는 마르고 왜소한 체격을 가진 그가 내세울 것이라곤 영어를 남달리 잘한다는 것뿐이었다. 어릴 적에 영어를 배우기 위해 매일 아침마다 45분간 자전거를 타고 호텔에 투숙하는 외국인에게 다가가서 외국인에게 말을 걸면서 공짜로 시내 관광가이드를 해주며 영어를 배웠다. 공부를 잘하지 못했던 그는 전문대를 두 번 낙방하고 삼수끝에 정원 미달로 전문대에 해당하는 항저우사범학원 영어학과에 들어갔다. 졸업 후 그는 경찰모집시험과 회사의 입사시험에서 30여회를 넘게 지원을 했지만 매번 퇴짜를 맞으면서 겨우 시골학교에서 월급 89위안(15,000원)의 평범한 영어교사로 일했다. 7년 후 창업의 길로 들어서기 위해 항저우에 전문 통역회사를 설립하고 1995년 미국 시애틀로 출장을 갔다. 그때 미국의 지인들로부터 처음으로 인터넷을 접한 뒤 인터넷의 잠재력이 무궁무진함을 눈치채고 앞으로 인터넷을 기반으로 하는 분야가 각광을 받을 날이 올것으로 전망했다. 귀국후 1995년 4월, 31살의 나이에 아내, 친구들과 함께 2만위안(338만원)을 모아 인터넷 홈페이지를 만들어주는 중국 최초의 인터넷 기업으로 평가받는 하이보 네트워크를 설립하고 B2B 전자상거래

사이트인 '차이나 엘로 페이지'를 만들어 운영하기 시작했으나 실패하고 말았다. 그러나 여기서 쌓은 경험을 밑바탕으로 마윈은 4년 뒤 1999년 3월 본격적인 B2B 사이트인 알리바바를 출범시킬 수 있었다. 이후 회사 설립 5개월 만에 대형 펀드로부터 500만달러를 투자받는데 성공하고 이듬해에는 일본 소프트뱅크의 손정의 회장에게 단 6분만의 설명으로 2,000만달러를 유치해 급성장의 전기를 마련하는데 성공시켰다. 그가 평범함에서 비범함과 뛰어남을 보이는 인물로 거듭난 배경에는 변화를 두려워하지 않는 그의 남다른 정신이 있었다. 그의 사업도 처음에는 다른 사람들과 마찬가지로 출범을 했으나 물건이 팔리지 않아 7명의 직원들이 사이트에 물건을 올리고 사는 어처구니없는 행위를 몇 주 동안이나 반복했다.

 그는 남들처럼 단기간안에 돈을 벌어들이거나 이익을 추구하는데 전혀 집착하지 않고 오히려 무료로 회원을 받아들여 자신이 만드는 작품을 발전시켜나가는데 역점을 두고 매진해갔다. 또 빨리 성장하려는 조급함을 버리고 초반에 살아남기 위해 안정적인 페이스로 나아가는데 중점을 두었다. 그가 15년만에 대성공한 배경의 핵심을 짚을 수 있는 하버드대학에서 한 연설은 세상사람들의 귀감이 되고있다. "제겐 세 가지 성공 비결이 있습니다. 첫째 저는 돈이 없었기에 한 푼의 돈도 귀하게 사용했고, 둘째 IT 기술에 무지했기에 이 분야의 최고 인재들을 고용해 그들의 의견에 귀를 기울이며 나처럼 평범한 사람이 이해할 수 있도록 사이트를 만들었으며, 셋째 계획을 세우지 않았기에 변화하는 세상에 맞추어가며 변화해갈 수 있었습니다. 즉, 끊임없이 변화하는 것이 가장 좋은 계획이었던 셈입니다" 그는 이런 말을 남겼다. "만약 내가 성공한다면 80%의 사람들이 성공할 수 있다는 의미"라고.

이들의 성공 사례에서 보이는 공통점을 찾아보면 그들은 원대한 목표보다는 목적의식이 남달랐다. 즉, 짧은 기간안에 돈을 벌려는 욕심이 앞서거나 자신의 이익만을 위해 시장을 개척하려는 주도면밀한 마스터플랜을 세우지도 않았다. 유투브의 경우 자신이 돈을 벌기위한 사업을 하려는 생각과 의도와는 달리 단지 재미와 흥미를 가지고 동영상 공유 사이트를 만들기 위해 시도한 것이 많은 이들에게 폭발적인 관심을 불러일으키고 전세계의 이목을 집중시키면서 급성장해나간 것이다. 반면 알리바바는 인터넷의 무한한 가능성을 조기에 예측하고 처음부터 원대한 목적을 가지고 차근차근 임했으며 그에 따라 목표는 스스로 가동되며 탄력을 받으면서 성장해갔다는 사실이다. 바로 이 점이 점프 효과 *Jump Effect* 를 가져온다. **점프효과는 마치 스프링처럼 반응하는데 축적된 힘으로 밀어부치는 것이 아니라 언제든지 기회와 때가 왔을 때 즉시 튈**

수 있는 준비된 상황처럼 반응한다. 목적의식이 강한 사람은 어떤 상황에서도 그 힘을 온전히 유지하고 있다. 단순히 작은 이익만을 위한 목표에 집착하게 되면 추진력에 필요한 에너지는 어느 순간 소진되어 고갈되거나 목표에의 도달이 원하는 대로 이루어지지 않을 때 지치게 되어 포기할 수 있는 것이다. 반면 목적한 바가 뚜렷하고 추구하는 목적이 당신의 이익을 위해서만 존재하는 것이 아닌 남들의 행복까지도 헤아릴 줄 아는 목적의식을 갖고 임할 때 당신의 목표는 비로소 진정한 성공과 행복에 부합되는 요소를 지니게 되어 늘 탄력을 받게 될 것이다. **남들이 알아주지 않더라도 미리 출발하고 작지만 의미 있게 시작하고 남과 다르게 현실과 대립하지 않는 일관성 있는 태도로 나아가야 한다. 그러다 보면 일정 시간이 흐른 뒤 어느 순간 갑자기 훌쩍 성장하는 계기가 찾아온다.** 이 단계에 이르기 까지 잘 견디어야 한다. 마윈회장은 "기업은 창업후 3년이란 기간을 견디고 살아남아야 한다."고 말한다. 즉, 느린 성장같지만 결국 살아남게 되면 느리더라도 성장해갈 수 있다는 것이다.

현실에서의 반응이 늦거나 없다고 하여 낙심하거나 비관적인 태도를 가질 수 있는 불안정한 과정이기 때문에 인내해야 한다. 당신이 시작할 것은 목표에 도달하기 위한 작은 준비를 진행해가되 완전한 준비가 아닌 불완전해 보여도 일단 행동으로 옮겨 가능한 조기에 착수하라는 얘기다. 당신이 이 점에 대해 어떻게 생각할 지 는 몰라도 당신이 준비하고 마무리해온 건 완전하지 못한 상태이다. 세상이 당신이 만든 어떤 것을 충족시키고 받아들일지 당신의 모든 것을 세상에 오픈하기 전까지는 도저히 알 수 없기 때문이다. 결국 오픈된 상태에서 무엇이 긍정적인 반응을 하고 어떤 점이 부족한가를 비로소 알게 된다. 당신이 알아두어야 할 점은 처음부터 세상이 당신의 뜻대로 굴러가주길 바라거나 기대하지 말라는 점이다. 너무나 가혹한 말 같은가? 오히려 이런 마음으로 차분히 임한다면 당신은 뜻밖의 행운에 큰 기쁨을 맛보게 된다. 그런 기쁨의 연속이 꼬리를 물고 일어날 것이다. 기대를 꺼버린다는 것은 욕심을 내지 않는다는 것과는 다른것이다. 기대를 끈다는 것은 생각의 부푼 거품을 일으키지 않는 것이다. 기대를 하지말고 한가지를 개선한 뒤 세상이 어떤 반응을 보이는지 잘 관찰해가라. 그것에서 당신은 세상이 당신의 중심으로 점차 쏠려오는 것을 볼 수 있게 된다. 현실의 주도권이 당신에게 넘어오는 것이다. 모든 것은 당신에게 유리한 방향으로 돌아갈 것이다. 강한 기대와 조바심, 두려움은 당신의 주도권이 현실로 넘어가는 상황을 일으킨다. 만약 당신이 어떤 것이 고객들에게 먹혀들어갈지를 고민하고 찾아내는데만 몰두하고 애를 쓰다보면 목적한 바와 어긋나는 엉뚱한 상황으로 치닫게 될 수 있다. 분명한 목적에 초점을 두고 일관성있게 나아갈 때 목적에 가까워진다.

  남들이 어떻게 보건 간에 그저 꾸준히 걸어가라. 하나하나 추진하는 것들이 당신에게 기쁨으로 전해지듯이 서두름 없이 차근차근 이행해가라. 1주일마다 한 가지씩을 개선할 방향을 찾는 것도 좋다. 당신의 아이디어와 생각에 모든 사람들이 당신의 것에 이끌리지도 않지만 당신의 것에 호기심을 갖는 사람들이 언제나 있음을 믿어도 좋다. 그들의 숫자가 비록 적더라도 기꺼이 당신에게 아군이 되어 준다. 처음에는 불과 몇 몇이 모여 잡담스럽게 얘기할 것이지만 차츰 마니아층을 형성해 갈 것이고 어느 시점에 도달하면 도저히 감당할 수 없을 정도로 막강한 전우들을 만들어 낼 것이다. 그때를 기다리며 끈기를 가지고 차근차근 일보전진을 위한 발걸음을 행동으로 옮겨가면 된다. 뭐든지 처음에는 어려움을 느끼면서 갈피를 못 잡거나 갈 길이 멀다고 느끼게 된다. 그러나 전혀 개의치 말라. **당신은 남들과 경쟁하는 것이 아니다.** 당신만의 길을 가는 것이지 남들과의 비교평가에서 불만족을 늘 달고 사는 것이 아니다. **당신이 걷는 길은 당신의 트루컬러에 따르는 길이기 때문에 어느 누구도 당신을 따라 잡을 수 없다. 그것이 당신의 비밀무기가 되도록 흐트러짐이 없이 녹슬지 않게 하라.** 그런 자세로 당신이 꾸준히 걷다보면 어느 순간 점프효과를 가져오는 탄력을 받는 때가 반드시 온다.

당신도 잘 아는 미국 방송의 토크쇼 사회자로 인기를 누린 오프리 윈프리 *Oprah Winfrey* 의 얘기다. 그녀는 당시 토크쇼의 황제로 불린 필 도너휴 *Phil Donahue* 가 폭발적인 인기를 누릴때였다. 오프라 윈프리는 자신이 흑인인데다 뚱뚱하기까지 했고 얼굴도 미인이지 못해 방송에 데뷔한다는 것에 무척 심적인 부담감을 갖게 되었다. 방송국장은 그녀에게 이렇게 말했다. "우리가 당신에게 바라는 것은 당신이 방송에서 당신 모습을 그대로 보여주는 것입니다." 이 말에 그녀는 용기를 내게 되었고 아무런 꺼리낌없이 자신만의 목소리를 살려 독특한 방식의 자기만의 컬러를 가지고 임했다고 한다. 그 결과 그녀의 프로그램은 방송사상 최고의 인기를 누리는 토크쇼로 자리매김을 하였다. 오프라 윈프리의 트루컬러는 아무도 흉내를 낼 수 없는 것이다. 그것은 자아의 상태에서 벗어나지 않는 것을 말한다. 자신만의 독특한 감각의 컬러를 인식하고 강점으로 부각시키는 것이다.

꾸준함을 이끌게 하는 원동력은 열정의 힘이다. 궤도에 이르기까지만 폭발적인 열정을 태우면서 인내해가라. 그 다음부터는 점차적으로 가속도가 붙게 되는 것을 보게 될 것이다. 마치 성냥불을 그어 모닥불을 일으키는 것과 같다. **모닥불을 피울 때 물리적으로 활활 타오르는 것을 정말 기대하는가? 얼마나 우스꽝스러운 짓인가?** 기대를 왜 꺼버리라는 것인지 이제 이해했을 것이다. **당신이 할 일이란 작은 불꽃들을 지속적으로 보살피고 지펴가는 것이다. 즉, 어느 방향으로 바람의 세기를 적절하게 일으켜야하는지 그 상황에만 집중해야 한다.** 현실과 균형을 이루는 지점에 마침내 도달하게 되면 당신은 큰 힘을 들이지 않고도 앞으로 나아갈 수 있게 된다. 균형을 이루는 지점이란 당신이 만든 작품이 현실에서 비로소 반응이 일어나는 시점을 말한다. 세상이 당신의 걸작을 비로소 접수한 것이다. 당신은 그 반응의 불씨를 잘 보살펴야만 한다. 작은 변화도 소중히 대하라. 당신이 보살피는 불씨는 어느 쪽으로 튈지 아무도 모른다. 불씨는 또 다른 촉발을 일으킬 것이다. **그리고 어느 순간 거대한 화염의 뜨거운 열기를 느끼게 될 것이다. 바로 그때가 웨이브가 일어나는 순간이다.** 기어야 하고 걸어야 하는 과정을 이겨내면 어느 날 달릴 수 있고 날수 있는 날이 오게 되는 것이다. **준비된 축적이 미래를 향한 돌파구를 열어주는 강력한 힘이 된다.**

클릭 모먼트 *Click Moment*

대부분의 사람들은 성공하는 사람들이 일반인들과 다른 점은 소위 그 분야의 전문적인 지식과 노하우를 가지고 있어야 하고 오랜 기간끝에 성공하는 대열에 낄 수 있었다고 여기며 성공은 언제나 극소수의 사람만이 갖는 특권이라고 받아들인다. 그들은 또 성공이 아무에게나 오는 것이 아니라 타고난 사업능력이 있는 몇 몇 만이 정상에 오를 수 있는것이라고 믿는다. 실제 성공한 자는 극소수이며 처음보다는 나중에 가서야 아낌없는 찬사와 인정을 받는다. 그를 우러러보는 자들은 단지 그가 어떤 과정을 거쳐 왔는지는 그다지 중요치 않게 생각하며 현실에서 이루어 놓은 엄청난 결과를 보고 무척 부러워한다. 게다가 그들에게는 그만한 성공을 가져온 특출한 이유가 분명 있었을 거라고 핑계를 하나 둘씩 갖다 댄다. 그렇게 함으로서 자신과 성공한자와의 갭을 이런 저런 이유로 합리화하여 그와의 격차를 단단한 벽돌담으로 세우려 하는 것이다. **누구나 자신만의 독특한 트루 컬러를 가지고 자신만의 길을 갈 때 진정한 성공을 누릴 수 있다. 이제는 더 이상 일반적인 성공전략을 우상화하려 하지도 말고 믿지도 말라는 것이다.** 더 큰 문제는 치밀한 전략과 논리적인 판단 및 접근, 철저한 분석과 계획의 추진 과정을 거쳐야만 성공을 쟁취할 수 있다고 믿는 사람들이 많으나 그것이 오늘날 성공의 공식처럼 받아들이면서 그 누구도 이의를 달지 않고 있다는 점이다. 그래서 그들은 성공을 고개를 쳐들어야만 볼 수 있는 특별한 조건으로 꽁꽁 묶어두었다.

  구경꾼들이 엿보이는 공통점이란 타고난 능력과 운이

좋아서 조건이 맞아서 시대적 배경이 맞아 떨어졌기 때문에 그렇게 될 수밖에 없었다는 식으로 그럴듯한 이유를 찾아내기 시작한다는 점이다. 그런 핑계를 댄 후 그들은 자신이 더 이상 심리적인 나락으로 떨어지지 않기 위해 정신적 보호막이라는 경계선의 울타리를 쳐서 자신을 그곳에 가두어 둔다. 그래야만 자신이 성공한 자와의 비교 대상에서 빚어지는 고통에서 벗어날 수 있기 때문이다. 이제 그 울타리가 스스로 깨져나가는 것을 당신이 경험할 수 만 있다면 당신은 그동안 성공한 자들이 걸어간 길을 따라가지 않을 것이다. 독자적인 길이 당신의 목표와 부합된다면 당신의 감정은 자유자재로 금속 형틀을 만들어내는 뜨거운 쇳물을 담은 용광로처럼 항상 임계점에 머물기 때문에 '가능할까' 라는 의문을 달지 않는다. 다만 당신이 염두해둘 점은 임계점에 다다를 때까지 처음부터 무리한 감당하기 어려운 목표 도달점을 정하지 말라는 것이다. 목표란 생각만 해도 당신을 설레게 하고 흥분시키는 것이지 열정을 사라지게 만드는 압도되는 힘을 느끼게 하는 것이 아니다. **성공한 자들은 열정이 사라지지 않기위해 스스로에게 동기부여를 일으킨다.** 동기부여는 마치 당신의 용광로가 유지하는 임계점에서 더 이상 떨어지지 않게 하는 것이다.

    세상은 예측할 수 없는 현실의 장이다. 이곳에서

당신은 자신만큼은 절대로 세상과 싸우지 않고 있다고 믿는다. 그러나 어디를 둘러봐도 치열한 경쟁상대가 있기 마련이고 최고의 품질을 내세워야만 생존하는 기업의 생리가 시장에서 맞대결을 펼치고 있다는 것을 알 것이다. 최고가 아니면 살아남지 못한다는 생존전략은 경쟁대열에 끼기를 마다하지 않는 세상과의 투쟁전략이다. 그들은 세상과 끊임없는 힘겨운 줄다리기 게임을 하고 있는 것이다. 긴장의 연속과 맞서 싸우는 도전정신으로 세상과 늘 각을 세우고 대립하는 현실을 받아들인다. 거대한 대기업 역시 한 개인이 진두지휘를 한다. 결국 세상의 흐름은 한 개인과의 두뇌싸움으로 전개되는 것이다. 표면상으로는 회사의 브랜드로 나타나지만 그 브랜드의 주인은 한 개인에 속한다. **결론적으로 당신은 한 개인을 상대로 하는 목표를 멋지게 성취하는 아이디어에 집중해야 한다. 즉, 개인의 감성을 건드려야 한다. 그들이 원하는 것, 그들에게 도움이 되고 유익한 것, 편하게 하는 것, 이익을 가져다 주는 것, 좋아하는 것, 즐거워 하는 것, 필요로 하는 것, 놀라워 하는 것, 재미있어 하는 것을 찾아 제공해야 한다.**

   우리는 여기서 한 가지를 세상에게 진지하게 물어볼 필요가 있다. 세상이 정말 강력한 힘으로 때로는 당신을 꼼짝 못하게 가두어놓는 보이지 않는 절대적인 힘으로 무력행사를 하는 것인지를. 계란으로 바위치기식이라면 패배는 늘 당신에게 고스란히 돌아간다. 그러나 바위(세상)를 그대로 놔둔 채 계란을 살짝 그 위에 올려놓는다면? 계란은 어느 부분도 다치지도 않고 자신의 온전함을 세상에 당당히 선보이게 된다. 당신의 황금알을 온전하게 세상에 우뚝 서게 하려면 세상에서 일어나는 모든 일들과 사건들에서 필연적으로 부딪히게 되는 것들을 문제점과 장애물이라 여기지 말아야 한다. **오히려 흥미진진한 태도로 대하며 그것에서 당신의 안목으로 당신에게 유리한 방향으로 돌아가도록 하는 생각의 유연함과 예측불허의 세상을 긍정적으로 대하는 일관성있는 태도로 대해주어야 한다.** 그것은 그다지 어려운 일이 아니고 굳이 얘기하자면 의도적인 모험을 시도할 경우 더 많은 우연과 맞딱뜨리는 일들을 찾아오게 만든다. 특정한 순간을 더 많이 일어나도록 만드는 것인데 그것은 가벼운 시도에서 비롯된다. 성공을 거머쥔 사람들에게 물어보면 목표로 다가가는 과정 중에 운이 따라주었다는 점을 지적한다. 정말 그들에게 필요한 때에 행운이 따라준 것일까?

'클릭 모먼트'의 저자인 프란스 요한슨은 이렇게 말했다. **"성공이란 우연히 일어나는 것이며 우리가 믿고 싶은 정도보다 훨씬 우연히 찾아온다. 그리고 이러한 우연을 포착한 후 자신에게 유리한 방향으로 몰아갈 수 있다는 것이다."** 이 말은 행운이 기존의 성공전략이나 논리적인 접근법만이 성공의 길을 열어준다는 것이 아니라는 점을 주장하고 있다. 오히려 그의 주장은 **성공이 '특정한 순간', '뜻밖의 만남'과 '우연한 통찰력', '깊은 인상', '운 좋은 모험'에서 찾아온다고 말했다. 특정 행동이 뜻밖의 우연을 일어나도록 하는 계기를 만들어내고 그러한 행운과 노력이 교차하는 순간을 '클릭 모먼트'라고 말한다. 또한 평범한 우연 속에서 행운으로 작용하는 예상 밖의 우연에 눈을 떠야 한다는 것을 그는 말한다.**

당신이 어느 날 아름다운 여성과 데이트를 할 수 있는 기회가 왔다고 하자. 처음 만날 여성에게 당신은 은근히 자신도 모르게 잘 보이려 할 것이다. 실수를 하지 않기 위해 사전에 어떤 말을 건네고 어떻게 리드할지를 치밀하게 논리적인 플로우를 준비해간다. 그런데 상대 여성은 예상 밖의 대화에 당황하고 뭔가 자연스럽지 못한 당신의 태도에 의아한 모습으로 표정짓는다. 당신이 준비한 시나리오대로 초반부터 흘러가지 않았던 것이다. 당신의 논리는 현실과 전혀 들어맞지 않았다. 상대가 어떻게 반응할지를 예측하려 했지만 모두가 빗나가고 헛수고에 그치고 말았다. 나는 이것을 **'데이트 현상'** 이라고 말한다. 비즈니스에서도 이런 '데이트 현상'은 똑같이 일어난다. 누구나 자신이 기획한 비즈니스 모델이 잘 될 것으로 기대가 부풀어 있다. 매출의 극대화를 위한 더 많은 수요를 충족시키기 위해 다양한 아이디어가 접목되었을 때 논리적인 계산대로라면 잠재적인 수요는 엄청나게 많을 수 있다. 예상되는 전망치가 기분을 상승시킬지는 몰라도 소비자들에게는 그 제품의 필요성과 신뢰가 입증될 때 비로소 그들은 관심을 갖게 된다는 점이다. 그 전까지는 기대치에 부풀려진 숫자에 불과할 뿐이다.

  나는 당신에게 기대를 꺼버리라는 말을 이미 전했다. 당신이 은근히 기대하는 습관을 버린다면 가슴속의 두려움과 불안감은 사라진다. 대신 그 자리에 고요와 안정감이 채워질 것이다. 세상에게 매사 기대하는 바램을 갖지말고 세상에 무엇을 베풀것인가를 가슴에게 물어봐야 한다. 이 말에 당신의 생각이 뭔가 충분할 때, 여유가 있을 때 베풀수 있지 않은가? 라고 묻는다면 당신은 항상 자신이 그어놓는 기대치라는 기준의 잣대에 늘 집착하고 있다고 볼 수 있다. 경계선을 그으려는 한계의 잣대를 버려야 한다. 잣대를 버린다면 당신은 집착하고 있는 고민덩어리를 내던진것이다. 어떤 방향으로 선택을 하든 그 결과의 예측에 집착하지 말고 대신 방향 선택의 기준이 가슴으로 하여금 무거움을 느끼게하는지 가벼움을 전해주는지를 점검해야 한다. 선택을 곧바로 내리기가 힘든 이유는 뭘까? 사람은 누구나 자신이 선택한 것을 보장 받을 수 있겠는가를 끊임없이 되내이기 때문이다. 우리가 사는 세상이 예측가능한 세상이라면 누구나 자신의 길에서 실패하지도 않으며 시행착오도 일으키지 않고 수월하게 성공할 수 있을 것이다. 그러나 세상이 돌아가는 것을 보면 예측 불가능의 정반대로 진행될 때가 많다. 전문가들의 예측도 종종 빗나가는 경우가 있다. 그들은 여러 가지 통계자료와 지난 과거의 근거를 제시해가며 그럴싸한 예측치를 주장하곤 한다. 과거의 일련의 결과에서 특정 패턴과 부합되는지를 알아보고 그 흐름의 비중이 점점 높아지게 되면 그렇게 될 가능성이 충분히 존재한다고 발표한다. 이 점은 객관적이고 합리적인 분석에 의해 나온 예측으로 일반인들에게는 신뢰감을 주기에 부족함이 없어 보인다.

  이 방법대로 당신의 인생에서 성공에 도달하려고 그 분야의 전문가를 찾아가 조언을 구하고 방법을 찾고 자문을 구한다 해도 결국 당신은 돌아서서 그가 한 말에 마음이 압도되는 무거워짐을 느끼게 될 것이다. 왜냐하면 아직 벌어지지 않은 일들의 수많은 과정을 돌파하는 것에서 필요한 것들이 한두 가지가 아니기 때문이다. 게다가 그보다 더 많은 변수가 있을 수 있다는 점을 고려한다면 그의 말은 전적으로 참고할 뿐이다. 무엇을 수행하기 전에 그것과 직결되는 중요변수가 무엇인지를 떠올려라. 즉, 그 점을 고려하지 못해 진행이 안 되거나 일이 단절되는 상황을 일으킬 수 있는 변수가 무엇인지를 찾아내라는 것이다. 자주 일어나는 일은 아니지만 당신의 삶에서 절대 실수가 일어나서는 안 되는 상황이 있을 수 있다. 당신의 회사가 사업 확장을 위한 투자유치를 받기위해 단 한차례 투자자들 앞에서 브리핑을 하려고 하는데 최종 수정된 프레젠테이션 자료가 저장된 백업장치를 직원이 깜빡 잊고 챙겨 오지 못했다면? 날씨가 흐린 날 모처럼 우아한 옷차림으로 외출을 나서려는 당신이 우산을 챙길까 말까를 생각 끝에 그냥 집을 나섰다 잠시 후 전혀 예상하지 못한 소나기가 쏟아진다면? 결국 당신에게 부닥치는 일이란 인생의 트랙에서 뜻밖의 마주치는 사건들에서 사전에 어떻게 대처하는가? 하는 점에 귀착된다. 즉, 사람들은 예측 가능한 확신할 수 있는 대상을 찾는데 집착하지만 세상(현실)은 당신의 감정을 언제나 뒤흔들어 놓는다. 왜냐하면 세상은 모든 것이 공평하고 차별없이 제공하려하는데 선택과 판단이 세상을 일그러놓기 때문에 감정의 폭은 언제나 롤러코스터를 탈 준비를 하고 있는 것이다. 그럴수록 작용과 반작용의 법칙처럼 반발하려는 거센 힘(저항)을 당신이 느낄 것이다. 이럴 때 당신이 느끼는 감정은 '냉정한 현실'이라고 여기게 된다. 내 뜻대로 현실이 착착 맞아 떨어지기를 기대하지만 정반대의 현실이 일어남을 보고 실망과 비관으로 빠져들게 된다.

　클릭 모먼트는 세렌디피티의 법칙처럼 우연의 사건들에서 성공을 가져올 촉발인자를 발견하는 방법과 발견 뒤에 그것이 당신에게 이득이 되는 유리한 방향으로 돌릴 수 있도록 하는 새로운 경험의 장으로 연결시킨다는 것이다. 물 샐틈 없는 면밀한 성공전략이 실패를 줄여 계획대로 일을 추진하게 만든다면 예기치 않은 상황(전혀 생각지 못한 예측불허의 상황)을 만났을 때 그 성공전략은 논리적인 허점이 드러나게 되고 그 상황이 해결되기 전까지는 거센 현실의 저항을 받게 될 것이다. 따라서 **해결되어야 할 사건은 문제점이 아니라 성공으로 가기위한 올바른 방향으로의 전환을 뜻한다. 이때 새로운 길로의 방향전환은 세상이 당신에게 압박을 가하거나 또 다른 불안감을 주기보다는 절묘한 터닝 포인트로 갈아타는 순간으로 받아들여야 한다.** 매번 그런 자세를 유지한다는 것이 결코 쉽지 않겠지만 그런 상황은 당신에게만 주어지는 특권임을 알아야 한다. 당신은 그 허들 *hurdle* 을 넘어야 한다. 그 특권이란 당신의 예상을 뛰어넘는 뜻밖의 선물로 다가올 것이다.

   당신이 사업을 시작하고 진행할 때 실패하지 않기 위해 합리적이고 논리적인 면만을 스스로에게 강조하다 보면 예상치 못한 우연의 돌발 상황에서 일시적으로 멈출수 밖에 없는 브레이크를 밟아야 한다. 일을 추진중에 멈춤이 자주 일어나는 것이다. 예를 들어 누가 당신의 비즈니스에 관심을 두고 접촉을 해올 지를 미리 가정하지도 말고 경계선도 긋지 말라는 얘기다. 당신의 예상은 빗나갈 것이다. 당신의 관점이란 그 비즈니스가 꼭 필요로 하는 사람들에게 맞춘 짜임새

있는 시스템으로 구축되어 있다는 것을 안다. 그러나 스스로가 제한된 범위를 그어 가두어두지 말라는 것이다. **모든 상황은 스스로가 균형을 잡기 위해 각자(개인)의 내적인 의도의 요청과 세상(현실)의 외적인 의도의 요청에 의해 끊임없이 반복적으로 일어나는 것이다.** 균형을 잡기위해 세상을 내 손안에 쥐고 자신만만하게 예측하려고 덤비는 것이 아니라 세상을 편하게 놓아주고 선물을 건네주듯이 감성적인 비논리적인 접근을 취해보라. **당신의 감정은 선택과 판단을 내리는데 있어 배후에서 조종하는 주체임을 알아야 한다.** 당신의 판단이 맞건 틀리건 간에 그 이면에는 당신이 느끼고 품은 강렬한 감정이 당신의 선택을 좌지우지 하고 있다. 감정의 조율은 상당히 중요하다.

  클릭 모먼트는 당신에게 일어날 일어나야할 것들에서 무엇이 유익하고 불이익인지 그 모든 우연의 상황에서 논리적이고 합리적인 자세로 판단하려 들지말고 그것이 그 다음 스텝의 특정 연결고리로서 어떻게 적용할 수 있을까를 소중하게 돌보아야 함을 일러준다.

3

웨이브를 타기위한 필수 과정들

『웨이브현상은 땅속 깊은 곳에서 뜨거운 지열에 의해 녹아 축적된 거대한 마그마 *magma* 가 화산을 통하여 분출되면서 흘러내리는 용암이 파도처럼 휩쓸고 빠르게 확산되어가는 광경처럼 어느 순간 폭발적으로 일어나게 된다. 엄청나게 뜨거운 온도를 품은 마그마는 그 모습을 밖으로 드러낼 때까지 장기간에 걸쳐 조용히 그 세력을 축적해 나간다. 그런 후 특정 조건이 충족되는 시점이 올 때 마그마는 엄청난 에너지원으로 자신을 발산시킨다. 이어 분출된 용암은 거대한 파도가 이는 것처럼 세상을 무작위로 덮어가기 시작한다. 웨이브현상도 이처럼 일어난다. 웨이브가 한 번 일기 시작하면 걷잡을 수 없는 상황에 돌입한다. 웨이브의 촉발은 웨이브를 일으키려는 의도적인 각고의 노력에 의해서가 아니라 세상이 거부할 수 없는 특정 조건을 충족시켜 나갈 때 마침내 웨이브가 촉발되어 일어나게 된다.』

나는 이 책에서 한 개인에게 일어날 수 있는 특정한 상황의 웨이브 현상에 대해 전반적으로 다루면서 기술해가고 있다. 이 책을 읽고 있는 당신에게 그런 놀라운 웨이브현상이 일어날 수 있다는 점을 확신시키려는 설득이 아니다. 당신이 미처 알지 못했던 진실은 이 세상에는 웨이브가 일어날 수 있는 잠재적인 상황이 이미 마련되어 있을 뿐 아니라 그것을 촉발시킬 계기도 약속된 것처럼 미래의 현실에 잡혀져 있다는 점이다. 당신에게 무척 흥분되는 말이 아닐찌? 다만 세상은 당신에게 그런 기적에 가까운 일들이 벌어지는 무대에 동참하기를 묵묵히 기다리고 있다는 점이다. 그 무대는 불가능해 보이는 시도가 가능으로 바뀌는 매직 쇼가 펼쳐지는 장소이다. 세상은 당신만의 유일한 매직 쇼를 기대하고 있다. 그래야만 기립박수 갈채를 받는 자격이 주어진다. 화려함으로 눈길을 현혹시키는 것이 아니라 당신의 매직이 어떤 식으로 전개될지를 숨죽이며 흥미진지하게 바라보는 것이다. 기대의 극적인 반전이 일어난다면 세상은 더욱 열광할 것이다. 당신의 팬들이 생겨나기 시작하고 당신의 위치는 서서히 부상하면서 당신의 면모가 그들의 입소문을 타고 당신의 위상에 힘을 보탤 것이다. 그러기 위해서는 현실과 늘 마주보는 '나'라는 존재에 대해 깊은 이해와 정립을 필요로 하며 그동안 세상으로부터 주입된 고정관념과 마음을 꼼짝못하게 묶어놓은 온갖 유형의 족쇄를 과감하게 풀어제켜야 한다. 본 장에서는 웨이브에 도달하기까지 거치게 되는 필수 과정들에 대해 알아볼 것이다. 이 과정들은 총 여덟 가지의 항목으로 분류되어 있다. 각각의 주제별로 읽다보면 당신이 그동안 생각해왔던 관념과는 전혀 다른 진실을 발견할 수 있을 것이다.

당신이 추구하고자 하는 목표가 설정되어 있다면 그것을 성취하기 위해 최선의 노력으로 임한다는것을 나는 의심치 않는다. 중요한 것은 세상에 노출되어 움직여 가는 동안 당신은 예기치 않은 장애물과 문제에 필연코 당면하게 된다. 다각도로 분석하고 세워진 계획대로 세상에 밀어붙이는 동시에 자신의 시나리오대로 착착 맞아떨어지길 원하고 있다. 그러나 세상은 당신의 생각대로 움직여가기보다는 정반대의 결과를 보일때가 많다. 세상에 노출된다는 것은 성장할 채비를 마친것을 말한다. 당신의 생각대로 세상이 움직여 주길 원하는 내적인 튜닝방식을 대부분의 사람들도 그렇게 따라가고 있다. 이런 방식으로는 결코 웨이브에 접근하기가 쉽지 않다. 이 책에 소개되는 각각의 인물들은 그런 방식을 따르지 않았다. 철저한 계획과 사전분석을 통해 그 가능성을 따지고 들어가는 메마른 도전 방식이 아니라 가슴의 안내자를 따라 떠오르는 영감과 감정의 강한 이끌림에 순순히 순응하는 방식을 따라했다. 그들은 순수한 아마추어에 불과해 무대에 서기를 극도로 꺼려했으나 가슴의 강렬한 호소에 이끌리듯 늘 그것과 연결된 끈을 놓지 않았다. 목표를 어떻게든 성취하려는 야망을 갖기 보다는 순수한 내면에 흐르는 감정의 호소를 따라갔다.

가슴이 끌리는 분명한 목적의식을 품어라

'예술은 가난하다!' 라는 말을 익히 들어 알고 있을 것이다. 직설적으로 말하자면 진정한 예술작품의 탄생은 배가 고픈 상태에서 마침내 창조된다는 말로 이해될 수 있다. 예술가들이 그런 상황을 의도적으로 만들어내어 자신을 가학하는 건 아니지만 그들이 본격적인 창작 작업에 들어가는 순간에는 극도의 몰입이 주변의 현실상황과 격리시켜 놓기 때문에 현실상황을 잠깐 동안 떠나 잊어버리는 것이다. 세계적인 명성을 얻기까지 한 때 방세와 전기료도 내지 못할 정도로 힘든 삶을 살아왔던 이 아티스트 *Artist* 는 TV라는 매체에 예술을 접목시켜 일약 전 세계의 이목을 집중시켰다. '비디오 아트' 라는 새로운 장르를 개척한 그는 어느 날 TV가 보여주는 송출영상을 아트화 시켜 사람들로 하여금 단순한 TV시청에 그치던 미디어 매체를 '생각의 틀' 로 바라보게 만들었다. 그가 바로 TV를 예술로 승화시킨 세계적인 아티스트 백남준이다. 그는 처음 음악공부를 하기위해 독일로 유학을 한 후 전통음악을 대체할 수 있는 것이 무엇이 있을까? 하고 고민한 끝에 행위예술을 접하면서 예술을 TV와 결합시키는 신선한 발상을 끄집어 냈다. 비디오 아트라는 창작품을 내놓아온 세상 사람들의 눈길을 끌었던 그는 남들의 시선에 아랑곳하지 않고 가슴의 열망을 따라가며 자신에게 그 특권을 스스로 허락했다. 그에게는 가슴이 끌리는 새로운 독창성과 신선한 발상에 사로잡혀 모험적인 시도에 강한 매력을 느꼈다. 그는 타인이 나를 어떻게 볼까 하는 우려의 마음보다는 타인들이 내 작품에 이번에는 어떤 반응을 보일까 하는 흥분되는 상황을 준비하는데 몰입하였다.

그의 모든 작품들은 지금까지 없었던 파격적인 장르를 창조한다는 뉴 아티스트로서 분명한 목적의식을 품고 있었기에 가능했다.

목적의식을 품는다는 것은 목표달성과는 차원이 다른 원대함을 가지고 있다. 관상어 중에 '코이'라는 물고기는 어항에 넣으면 5~8cm 정도 자란다. 그런데 수족관에 넣어두면 15~25cm까지 자라며 강물에 방류를 하면 120cm 까지 자란다. 즉, 자신이 처한 환경에 따라 성장의 폭이 커져 몸집의 크기 변화에 뚜렷한 차이를 보인다는 점이다. 마찬가지로 **목적의식도 목적한 바의 원대함을 품고 있으면 무의식은 스스로 방향을 틀어 현재의 상황이나 환경을 전혀 개의치 않고 그쪽으로 방향을 틀고 행동하게 만든다. 그렇게 될 수밖에 없는 이유는 무의식을 통제하고 제어하는 힘이 가슴에서 나오기 때문이다.** 목적이 이끄는 여정 속에 당신을 힘들게 하는 장애물이 나타나더라도 그것과 적당히 타협하지 말고 그때 그것이 당신에게 무엇을 요청하고 있는지를 귀를 잘 기울이고 들어보라. 당신이 그것에 긍정적인 응답의 조치를 취한다면 세상은 반색을 하며 당신에게 더 가까이 다가오는 호감을 보일 것이다.

목적의식이 거울 앞에 분명하게 나타날 수록 목표는 스스로 그 모습을 당신에게 드러내게 된다. 반면 목적의식을 접게 되면 목표는 '겉보기 목표'로 전락된다. 이 점을 각별히 유념해야 한다. 당신이 여성으로서 살을 빼야만 하는 이유는 뭘까? 남들처럼 날씬해 보이기 위해서라면 그건 '겉보기 목표'에 불과하다. 살을 빼야하는 진정한 목적은 정상적인 체중으로 돌아가 균형 잡힌 신체를 만들고 건강을 유지하는데 있다. 결론적으로 당신의 몸은 진정성 있는 순수의도에 부합될 때 효과적인 반응을 보일 것이다. 따라서 당신이 살 빼는 '진정한 목적'을 분명히 하게 되면 지금부터 건강을 유지하기 위한 단위 목표들 즉, 균형 있는 식사량 유지, 적절한 영양소 섭취, 규칙적인 유산소 운동, 충분한 수면시간을 정하고 이행할 것이다. 그러나 겉보기 목표에만 집중한다면 일단 식사량부터 대폭 줄이거나 두끼이상 굶거나 신체에 무리가 가는 과격한 운동과 강압적 트레이닝을 당장 실행할 것이다. 이런 방법은 일시적인 효과를 보는 듯하다가 급격한 체력소모로 몸살이 나거나 견디다 못해 그만두게 되고 살 빼는 과정은 그야말로 고역이 될 것이다. 왜 당신의 몸을 혹사시켜야 하는가? 겉보기 목표에 당신은 홀리지 말아야 한다. 진정한 목적의식을 가진 것과 그렇지 않은 것의 차이 결과는 이처럼 명확해진다. 목표와 목적은 분명히 다른 개념으로 그것을 이루고자 하는 목적이 무엇인가에 따라 목표가 자연스럽게 구체적으로 설정된다. 나는 목적과 목표에 대한 분명한 인식을 위해 몇 가지 예를 더 제시할 것이다. 그리고 목적이 없이 목표만 추구할 때 어떤 문제점이 드러나는지도 살필 것이다.

당신이 평소 노래를 좋아한다고 가정하자. 아직은 무명의 그늘에 가려져 있으나 언젠가는 무대에 서는 유명가수를 꿈꾼다고 하면 당신에게 딱 맞는 스타일의 노래가 창작되어야 하고 선보여야 한다. 그렇다면 가수가 되는 것이 목표일까? 틀렸다! 가수가 되려는 것은 목적에 속한다. 프로 가수가 되기 위한 목적을 이루기 위해 무엇이 필요할까? 당신만의 독특한 스타일에 능히 소화해낼 수 있는 노래라는 단위 목표가 필수적이다. 누군가가 당신에게 딱 맞는 노래를 작사, 작곡해야 하고 그것도 한 가지 노래만으론 부족하다. 적어도 여러 개의 곡들을 준비해야 한다. 그 이유는 어떤 곡이 당신을 인기가도로 몰아갈지 모른다는 사실때문이다. 물론 첫 곡이 예상외로 히트를 친다면 급상승의 기류를 타게 되면서 프로의 세계로 자동 진입을 하게 된다. 바로 당신의 재산으로 부가가치를 안겨줄 노래가 매번 목표로 잡힌다. 당신은 첫 곡으로 히트를 하면서 프로가수로 전향을 했다. 이제 당신의 인기를 지속적으로 유지시켜주는 것은 목적(가수)이 아니라 목표(노래)가 된다. 즉, 목적이 분명히 정해지면 목표는 자동적으로 연이어 수립되는 것이다. 새로운 노래가 인기를 끄는 시간은 그리 오래가지 않는다. 유행이란 늘 그렇게 휘몰아치다가 소리 없이 사라진다. 그래서 가수는 끊임없이 새로운 노래를 창작하여 대중에게 선보여 한다. 그것만이 유일하게 가수의 생명력을 지탱시키기 때문이다.

  글쓰기는 어떨까? 당신이 평소 상상하길 좋아하며 글로 표현하는 과정을 취미로 삼을 정도로 정말 좋아한다면 작가로의 입문도 모색해 볼 필요가 있다. 작가가 되려면 글쓰기의 장르를 정해 두어야 하는데 수필, 에세이, 소설, 비소설 등 여러 가지 장르가 있다. 마음에 드는 장르를 택하고 작가의 길을 가고자 방향을 정했다. 이제 당신의 목적의식은 장차 수많은 아동들의 고정 팬들을 갖는 판타지 소설작가의 거장으로 들어서는 것에 초점을 맞추고 있다. 목표는 확고부동하다. 첫 작품으로 주인공의 성격과 역할을 설정하고 2탄과 연결될 것을 생각하면서 그가 겪는 시나리오의 시놉시스 *Synopsis* 를 만들어가는 그 과정에 흠뻑 젖어있다면 당신의 작품(목표)은 신작으로서도 손색이 없을 것이다. 당신이 목적을 이루기 위한 목표의 성취 과정에 가슴이 스스로 뜨거워지는 감정이 일게 되면 내적 동기는 목표를 이룰 정도의 충만한 에너지로 넘치고 있다고 볼 수 있다.

또 다른 예를 살펴보자. 당신이 돈을 모으는 목적이 무엇인가? 재테크 수단으로 돈을 모은다면 그건 목적으로 합당하나 저축을 하여 5,000만원을 모으겠다고 하면 그건 목표가 된다. 그럼 목표는 장차 재테크를 위해 어느 정도의 종자돈을 모아야 하는지가 정해져야 하는데 목표는 일차적으로 최소한 모아야 할 돈의 액수이다. 당신은 10년 후 노후를 대비해 본격적인 투자 재테크 용도로 1억 원을 모으겠다는 잠정결론을 내린다. 이제 명확한 목적의식(노후 대비)과 목적을 이루기 위한 목표(투자 재테크 용도의 종자돈을 모으는 것)가 정해진 셈이다.

목적의식은 목표의 견인차 역할을 하므로 목적을 의식 속에 품는다는 것은 비장한 각오를 다지는 일이기도 하다. 그러나 많은 사람들이 목적과 목표의 진실을 왜곡하며 오로지 목표만을 추구한다. 작은 목표들은 언제든지 성취가 가능하다. 진정한 목적의식이 없이 목표에만 집중하면 목표 달성의 성공률은 떨어지게 되고 목표에 도달하는 과정도 힘들게 한다. 많은 자기계발 전문서적에서 목표의 중요성을 지나칠 정도로 강조하지만 실상 목표를 성취하기가 그토록 힘든 이유는 전혀 엉뚱한 곳에 있다. 목표 달성이 처음에는 해낼 수 있을 것 같은 쉽게만 보이는 이유로는 목표 내부에 숨겨진 난관을 인식하지 못하고 자신감에 젖어 무작정 덤비는 태도가 한 몫을 한다. 그러다가 예상치 못한 장애물이 나타나면 쉽게 포기하거나 지레 겁을 먹고 만다. **알아두어야 할 중요한 것은 장애물이란 결코 난관이 아니라 당신이 딛고 넘어갈 허들 *hurdle* 에 불과하다. 이 허들을 가볍게 넘어갈 수 있도록 가능하게 하는 것이 목적의식이다.** 실제 허들경기를 보면 출발점에서 탄력을 받기위해 전 속력으로 달려간다. 첫 번째 허들을 넘기위해 가속도가 붙은채로 힘껏 뛰어올라 허들을 뛰어넘는다. 허들을 뛰어넘기 직전까지는 가속도로 인한 탄력을 받는 과정이 필수적이다. 당신의 하나의 허들을 넘어갈 때 다른 사람들도 마찬가지로 그 허들을 넘기 위해 헌신적인 노력을 다해야만 한다. 그러나 허들을 넘기위해서는 반드시 탄력을 받지 않으면 안된다는 사실이다. 적정거리에서 탄력을 받은 상태에서 어느 시점에 가볍게 뛰어 넘는것이다. 당신은 이 비밀을 알고 있지만 남들은 탄력의 역할에 숨겨진 비밀을 알지 못한다. 그들은 시작과 동시에 한꺼번에 모든 것을 성취하려 한다. 조급함이 앞서 단번에 결과를 보려는 심리가 강해 일을 그르치고 만다. 내적인 의도가 강할 수록 세상과의 균형잡힌 조율관계에서 벗어나게 된다.

뚜렷한 목적의식을 정했다는 것은 가슴이 그것을 온전하게 받아들였다는 말이다. 이 상황은 '진심'

의 상태에 놓여있을 때에만 가능해진다. 진심이란 마음(생각, 이성)과 영혼(느낌, 가슴)이 서로에게 어떠한 이의도 달지 않고 서로가 혼연일치함을 보이는 것이다. 가슴이 끌리는 것에 마음은 한 치의 의심 없이 동의하는 것이다. 이럴 때 당신은 내면의 강력한 파워를 느끼기 시작하고 거침없이 목표를 향해 전력 질주할 수 있다. 그러나 가슴이 끌리는 분명한 목적의식을 품지 않은 채 목표만을 추구한다면 생명력이 녹아있는 목표가 완성될 수 없다. 일단 목표가 주어지면 그것을 달성하기 위한 진행 과정이 매우 중요한데 스스로에게 목표로의 강압적인 집중을 강요하지 말아야 한다. 당신은 생체에너지가 스트레스의 저항에 소모되는 걸 원치 않을 것이다. 초기에는 목표달성에서 오는 보상을 기대하며 목표로의 태동된 의욕이 동기부여를 일으켜 당신을 움직이게 하겠지만 마음은 틈만 나면 늘 당신의 가슴에 개입하여 목표 수행과정에 저울질을 하게 만들 것이다. 그러나 목적의식을 가슴을 품으면 단위 목표들은 도미노효과를 일으키듯 하나하나의 역할 수행을 차질없이 이행할 것이다. 당신의 역할은 각각의 단위 목표가 역할을 충실히 수행하도록 돕는 것이다. 단위목표에게 그 이상의 결과를 기대하지 말고 단지 단 한가지의 기능을 완전하게 수행할 수 있도록 세심한 배려를 하는 것이다. 각각의 목표가 개성을 잃지 않도록 하라. 당신은 이 모든 것을 총괄하는 감독이기 때문이다.

순수 의도를 가지고 임하라

당신이 늘 상 소지하고 있는 것 중에는 항상 필수품으로 휴대하고 다니는 핸드폰이 있을 것이다. 개인용 전화기의 새로운 신화를 창조한 스티브 잡스는 세상을 뜨기 전 이런 말을 남겼다. "기술은 원래 존재하던 욕구를 가장 세련되고 우아하게 구현해줄 뿐이다. 내 심장 속에서 요동치고 내 머릿속에서 감동을 일으키는 제품을 만드는 것이 나의 진정한 꿈이다." 그는 또 "당신의 직관을 따르라, 앞뒤 돌아보지 않고 저지를 수 있는 당신의 가슴을 가장 떨리게 하는 그것은 무엇인가?"라고 묻는다. 그가 간 길을 되돌아보면 지금 고객들이 좋아하는 것을 만드는 것이 아니라 가까운 미래에 좋아하게 될 것이 무엇인가를 만드는데 주력했다. 한 때 자신이 세운 회사에서 쫓겨나 깊은 좌절과 상처로 얼룩진 자신을 다시 회사에서 불러들여 재기에 성공하면서 만인이 우러르는 최고의 영광스런 자리에 놓이게 했다.

그가 남긴 수많은 어록은 감동을 주었을 뿐 아니라 젊은이들에게 세상적인 관념을 버리고 오직 자신의 가슴에서 인도하는 직관의 신뢰와 신조에 따른 소신 있는 삶을 살으라는 메시지를 던졌다. 경쟁사들이 터치펜을 이용하는 기술에 매달릴 때 그는 터치펜을 과감히 버리고 손가락을 직접적으로 사용하여 상호반응하는 새로운 터치방식을 채택했다. 전 세계인들은 열광했고 신제품은 회사의 브랜드 위상을 최고의 위치에 올려놓았다. 그의 이름이 영원히 우리의 가슴속에 남는 것은 그가 엄청난 성공을 거두었기 때문이 아니라 그가 바라보는 세상의 독특한 관점과 신조, 제품의 철학과 원칙, 가슴이 전하는 목소리에 대한 두터운 신뢰가 밑바탕을 두고 있다. 나는 이것을 '트루 컬러' *True color* 라 부른다. **지구상에는 수많은 다양한 천연색들이 저마다 뽐내고 있지만 어느 색이 다른 색을 능가하지는 않는다는 사실이다.** 색들의 비교 자체가 무의미한 것이다. 오직 그 자체의 색깔이 빛바래지 않은 채 남아있을 때 순수함이 묻어나듯이 남들은 당신의 진짜 트루 컬러를 보고 싶어 한다. 그것뿐이다. **당신만큼은 다른 색들에 결코 파묻히지 마라. 트루 컬러는 만들어 가는 것이 아니라 당신의 순수 의도를 거리낌 없이 그대로 표현하고 세상 밖으로 과감하게 내보이는 것이다. 거기엔 아무런 이유나 핑계가 필요치 않다.** 남들이 이런 행동으로 과감히 실행하지 못하는 이유는 그들 역시 자신에 대한 의심과 남들의 시선을 은연중에 의식하고 있기 때문이다.

   그동안 당신이 바라보는 세상의 척도는 가치에 대한 대가를 지불할 용의가 있을 때 비로소 세상은 주고받고 한다는 사실에 주저 없이 수긍해 왔다. 그래서 당신은 세상의 기대를 충족시키고자 안간힘을 다해 최상의 좋은 것들을 반영하려고 애쓴다. 정말 좋은 것이란 무엇일까? 남들이 관심을 가질 만한 것이 좋은 것일까? 아니면 최상의 가치 있는 것들만이 정말 좋은 것일까? 그렇지 않을 것이다. 당신이 그런 생각을 가진다면 당신은 자신의 주관을 남들에게 판단을 맡기는 것이다. 그러면 당신은 언제나 심판대위에서 내려오지 못할 것이다. 그들이 원하는 것을 알아내기 위해 당신은 안간힘을 쓸지도 모른다. 진정한 해답은 엉뚱한 곳에 놓여있다. 남들의 관심에는 신경을 끄고 당신이 만들어가는 퍼즐게임의 과정을 흥미롭게 대하고 어느 조각을 어디에 맞출 때 가장 멋지게 보이는가만 신경을 쓰면된다. 모든 것을 충족시키려는 욕망을 버려야 한다. 당신의 작품에서 가장 부각시키고 싶은 부분에 역점을 두고 만들어 가라. 그 점이 거울앞에 뚜렷이 반영될 수 록 남들이 비로소 당신의 작품에 후한 점수를 매길 것이다. 이 방법은 당신의 순수의도를 따라가는 행위이다.

  그럼 진정한 순수 의도란 무엇일까? 당신의 맘에 쏙 드는 옷을 고르고 입을 때처럼 하는 것이다. 옷가계에서 최종 고른 옷을 입은 후 거울앞에서 정말 흡족해 한다면 남들도 역시 '정말 잘 어울려! 이 옷 어디서 샀니?' 하며 전적으로 동의할 것이다. 당신은 옷을 고를 때 자신도 모르게 순수 의도가 발동하게 된다. 남들이 이 옷을 어떻게 봐줄까? 가 아니라 컬러, 재질, 디자인

등이 내 마음에 흡족할 정도로 들고 내 몸에 딱 맞는 잘 어울리는 옷일까? 하는 생각밖에 없는 것이다. 순수 의도란 바로 그런 것이다. 순수 의도는 오직 당신의 영혼에서 느끼는 격정적인 감정에서 일어나며 거침없이 나아갈 수 있도록 하는 원동력을 제공한다. 이 현상은 마음이 개입되지 않은 생각을 하기 전부터 존재한다. **웨이브로 다가갈 수 있는 저력이 순수 의도에 있다고 해도 과언이 아니다.** 그 힘은 당신을 결코 지치지 않게 한다. **순수 의도가 가지는 최상의 찬미할 만한 것은 마음으로 하여금 가슴에서 일어나는 열정을 꺼지지 않도록 돕는다는 것이다. 마음의 역할은 다른데 있지 않고 그것에 있다.** 마음은 가슴의 명령 외에 다른 것에 눈길을 돌려서는 안 된다. 마음이 잠깐 방심이라도 하게 되면 당신의 가슴은 잠시 요동을 치게 된다. 마음은 늘 짜릿한 충족감을 원하고 있는데 그런 순간은 이성적인 판단이 욕구를 만들어낼 때 일어나는 현상이다. 개의치 말라. 잠깐의 의식적인 허용으로 대수롭지 않게 대처하라. 당신은 갈망을 충족시켜줄 무엇을 찾아 헤매는 사람이 아니라 진정한 목적의 성취를 이루려는 멋진 사람이기 때문이다.

순수 의도는 욕심이 없이 이루고자 하는 일을 가슴에서 열정을 다해 임하도록 한다. 무엇보다도 의식의 각성도가 높아져 주변에서 일어나는 현상에 대해 무의식적인 자동반응이 아니라 의식적으로 대처하게 한다. 무의식적이란 인지해야 할 대상을 인식하지 않는 것이다. 그렇기 때문에 무의식 상태에서는 예기치 않는 일이 곳곳에서 일어나는 것처럼 보인다. 물론 나는 당신이 순수 의도로 임하리라는 것을 믿고 그렇게 하리라 생각한다. 그러나 그런 의도를 줄곧 유지하기란 그리 쉽지 않다는 것 또한 인정한다. 당신의 신조와 동떨어진 곳에서 일할 때 당신의 잠재력은 잠자고 있다고 볼 수 있다. 그러나 힘들어 하지 말고 현실의 상황이 그럴지라도 의기소침해있는 당신의 영혼을 현실의 중력권에서 해방시킬 수 있는 방법이 존재한다. 그 방법이란 생각의 거품을 일으키지 않는 것이다. 무슨 일을 진행하든 그것에 지나친 기대치의 척도를 높이지 말아야 한다는 것이다. 기대치가 높게 올려져있음을 자각하는 순간 당신이 추락할 수 있는 고도는 그만큼 비례하여 상승하고 있음을 알아야 한다. 물론 나는 당신이 기대감을 가지는 것과 기대치가 올라가는 것의 양쪽을 이해하고 있으리라 믿는다. 기대감과 기대치는 생각의 거품이 일어날 때 벌어지는 징후이다. 생각의 거품이란 꺼지는 순간이 오게 마련이다. 반대로 기대를 저버리고 그저 행하는 일 자체에 소소한 기쁨을 느껴가며 하루를 보내고 내일의 할 일에 대해 가슴의 설렘을 맞이해 간다면 삶의 저항이란 있을 수 없다.

　당신은 생각 끝에 나에게 이런 의문을 가지고 말할

수 있다. "어떻게 매사 그럴 수는 없죠. 말이 안 돼요. 누구든 그런 맘으로 살아가길 원하지 않겠어요? 오히려 기대를 갖고 살아가야 하지 않겠어요? 그래야 희망이 있고 힘들 때 극복할 수 있는 거랍니다." 라고 말이다. 당신이 나에게 듣고 싶어 하는 대답은 "맞아요. 그게 사실입니다. 막상 현실에서는 지금 당장 일처리에서 오는 압박감에 그렇게 하고 싶어도 그러하질 못하지요. 현실이 가만두질 않아요." 라고. 난 당신이 현실에 임하는 그 일을 가지고 말하는 것이 아니라는 점을 지적해주고 싶다. 당신이 선택할 대상은 당신의 눈에 확 들어오는 옷을 고를 때처럼 가슴이 이끌려 벅차오르는 감정이 드는 그런 대상을 늘 품고 있을 때 기쁨과 가슴 설렘이 일어나고 활기찬 에너지가 솟구치게 되는 그런 목표이다. 바로 그런 순수 의도를 가지고 임할 때 기대감과 기대치의 이끌림은 당신과 무관한 것으로 그 자리에 대신 열정과 동기부여라는 듀얼엔진 *Dual Engine* 이 힘차게 돌아가게 된다.

내면의 안내자와 굳게 약속을 하라

우리는 평소 시각과 청각에 의해 입수되는 온갖 정보를 의식하는 가운데 논리적이고 이성적인 판단을 당연한 듯 결정을 내릴 사안에 대해 적용시키길

거부하지 않는다. 무릇 당신조차도 예외는 아니다. 오히려 그런 과정이 습관처럼 되어 가슴의 열망은 잠시 뒷전에 머물도록 한다. 각자의 눈에 비치는 세상의 모습은 언제나 한결같지만 세상을 바라보는 안목은 제각기 다르다. 세상을 있는 그대로 보는 게 아니라 자신의 특정 상황과 부합되는 부분만을 취해 생각과 융합시켜 하나의 상을 그때그때 만들어간다. 이 과정에서 세상을 판단하는 기준 잣대가 틀어지는 현상이 발생한다. 이는 세상을 온전히 바라보기보다는 희미한 유리창 너머로 보여지는 바깥 세상을 이러쿵저러쿵 해석하려는 마음이 당신의 시각의 뒤틀림 현상을 만들어낸다. 왜곡된 의식은 이런 식으로 매번 작동하는데 꽤나 흥미로운 점은 이런 현상에 대해 아무렇지도 않은 듯 매일 대하고 있다는 점이다. 오히려 그것을 당연시까지 한다. 그런 행동은 무의식적으로 일어난다. 우리는 실수와 실패의 원인을 바깥쪽에서 찾으려 하다가 자신의 내면에 기인함을 깨닫게 될 때가 있다. 당신의 논리적이고 합리적인 판단이 그동안 있어왔던 시행착오와 비교해볼 때 그다지 만족스런 결과를 도출해내지 못했다면? 당신이 직장을 관두고 사업을 시작한다고 했을 때 본 궤도에 자리를 잡을 때까지 이런 현상은 곧잘 일어난다. 평소 눈에 띄지 않던 것을 미처 포착하지 못한 것일까? 아니면 무시했던 것을 제 때 반영하지 못했던 탓일까? 우리는 모든 일에서 가능한 시행착오를 가능한 덜 거치고 큰 무리 없이 진행되어가는 것을 원하지만 합리적인 판단, 선택, 결정은 어느 순간 병목현상을 일으켜 놓는다.

그러한 결과의 모든 배후에는 당신의 감정이 적지 않게 영향력을 행사해왔다면 믿을 수 있을까? 당신은 아마도 그렇지 않다고 자신 있게 말할 것이다. '내가 감정적으로 일을 처리했다고요? 천만예요! 전심사숙고한 끝에 그런 선택을 한 겁니다.' 이렇게 말이다. 당신은 늘 그렇게 생각하지 않는가? '이건 왠지 내 맘에 들지 않아, 저게 좋겠는데' 하고. 이미 감정이 개입된 상태에서 마음은 그것을 그대로 전달받아 표현할 뿐이다. 반대로 감정이 철저히 배제된 논리적인 판단도 성립된다. 결과는 시간이 흐름에 따라 세상이 결론을 내린다는 점이다. 그 전까지는 어느 누구도 속단할 수 없으며 전문가도 예외가 될 수 없다. 우리는 전문가들의 말을 그대로 믿는 경향이 있는데 최종 판단은 당신이 내려야만 한다. 그들의 말은 참고만 하라. 그들은 축적된 자료와 전문적인 분석결과를 토대로 합리적인 결정을 내린다고 말한다. 그러나 아쉽게도 그들은 책임이라는 틀 안에서 결론을 낼 뿐이다. 예외적인 현상과 결과를 허용하는 것에 반감을 갖는다. 이 세상은 모두가 그런 일은 있을 수 없다고 안된다고 반기를 드는 것에 전적으로 동의하지는 않는다는 사실이다.

세상은 단 한 사람의 견해와 행동이 세상을 보는

안목을 한 층 높은 차원으로 끌어올리거나 자극을 주므로써 진보된 변혁의 길로 이끌어준다면 전폭적으로 밀어줄 준비가 갖춰져 있다. 그러니 염려하지 말고 당신이 할 일이란 주저 말고 당신의 내면에서 전달해오는 강렬한 안내자의 목소리 듣기를 무시해서는 안 된다. 오히려 내면의 울림을 조용히 경청해 보는 시간을 갖도록 해야 한다. 왜냐하면 **당신의 진정한 주인은 마음이 아니라 가슴속의 내면에 자리 잡고 있는 영혼에 있기 때문이다.** 그동안 주인의 행세를 마음이 진두지휘를 해왔지만 이제부터는 당신 내면의 안내자에게 배턴을 인계하라. 남들과의 약속은 마음과 놀게 하라. 대신 **목적 현실을 지향하는 당신의 미래 현실은 내면의 안내자와 굳게 약속을 지키라.** 그러면 어떠한 난관이 닥치더라도 당신의 에너지는 고갈되지 않고 지속적으로 조달받게 된다. 만약 그런 상황에 처할 때면 통과의례로 받아들여 지나친 신경을 쓰지 않도록 해야한다. 현실에서 보내오는 신호로 받아들여 신호등의 제어처럼 계속 진행할 것인지, 잠시 멈출것인지, 우회하여 갈것인지를 판단하면 된다.

당신이 하나의 허들을 건너뛸 때 막대한 에너지가 소비되는 것이 아니라 오히려 강력한 에너지의 충전이 이루어진다. 목적 현실을 지향해가는 과정에서 당신에게 추진력을 조달하는 에너지의 원천이 내면에 있음을 알게 될 것이다. 단 한 가지 조건이 있다. 앞서 말한 안내자의 말에 귀를 기울여 주고 소중히 대하며 마음의 역할을 가슴(영혼)에게 힘을 실어주는것에 맡겨주라. 당신의 영혼은 결코 배반하지 않는다. 영혼을 절대적으로 신뢰해야 한다. 성공에 대해서는 깡그리 잊어버려라. 성공을 해야겠다고 맘을 먹는 것은 성공에 대한 극도의 불안감을 여실없이 나타내는 것이다. 나는 기대를 꺼버리라고 말했다. 이를 극복하는 방법은 지금 이 순간에도 성공의 여정으로 향해 가고 있다고 여기는 것이다. 그것을 당연시하라. 그렇지 않은가? 당신은 작은 일의 성취는 당연히 되는 것으로 대수롭지 않게 인식하고 있지 않은가? 수 많은 작은 성공들을 당신은 이미 체험해왔다. 단지 바뀐것이 있다면 큰 성공(사활을 거는 목표)을 바라는 당신에게 가득찬 의욕적인 욕망이다. 그것은 확신도 아니고 믿음에 속하지도 않는다. 성취할 목표가 감당하기 힘들 정도로 커보인다면 어떨까? 그것 역시 단위 목표의 연결점에 의해 차츰 차츰 완수되어 진다. 마치 엔진에 연결되고 포함된 부속 모듈들을 하나하나 체결해가고 작동여부를 점검해가는 것이다.

자신과의 약속을 지켜가고 있다는것을 스스로 체험하며 느껴가는 것은 자신감과 자부심을 키우는 자연스런 행위이다. 당신의 의식은 이제까지 그동안 보지 못했던 것을 통찰력이라는 렌즈를 통해 관찰하게 되고 현실을 바라보며 제대로 간파하지 못했던 것을 영적 센서에 의해 직감적으로 느끼게 된다. 그 결과 당신에게 수시로 적절한 시점에 영감, 아이디어, 안목, 선경지명, 최적의 판단과 선택이라는 놀라운 선물이 거저 주어지게 된다. 당신의 모든 결정 권한을 안내자에게 전폭적으로 위임하면 그 결과 또한 당신의 예상을 뛰어넘는 놀라운 결과를 얻게 될 것이다. 그 가치는 마음이 결정한 것과는 비교 측정이 되지 않는다. **마음은 기껏 해봤자 두려움에 의해 그어놓은 한계선을 넘지 못하기 때문이다. 그 이상의 것은 아예 생각지도 않는다. 반면 영혼은 불굴의 의지와 투혼을 가진 전사처럼 단호하고도 뜨거운 열정으로 한계를 돌파하게 한다.**

아주 작아 보이는 현실의 신호를 소중히 대하라

에드윈 H 랜드 *Edwin Land* 는 자동차 헤드라이트, 카메라, 선글라스 등에 쓰이는 편광장치를 주로 개발하는 조그만 기업체를 가지고 있었다. 어느 날 그는 가족과 함께 뉴멕시코주 산타페로 휴가를 떠났다. 휴가지에서 망아지 사진을 찍고 있던 중 세 살짜리 딸아이로 부터 "왜 사진을 바로 볼 수 없어요?" 라는 투정어린 질문을 느닷없이 받게 되었다. 딸아이의 천진난만 한 물음에 에드윈 랜드의 머릿속에는 순간

사진을 찍고 나서 기다려야하는 답답함을 즉시 해결하면 얼마나 좋을까? 하는 생각이 뇌리를 스쳐갔다. 그는 딸아이의 말이 맞는다는 생각에 즉석에서 인화하여 사진을 뽑을 수 있는 카메라의 연구에 착수했다. 마침내 기나긴 4년간의 연구 끝에 1947년 11월 '폴라로이드 랜드 95' 라고 이름 붙여진 즉석사진 출력 카메라를 세상에 처음으로 선보이게 되었다. 카메라의 셔터를 누르자마자 90초 만에 사진으로 인화되어 출력되었다. 1948년부터 시판되기 시작한 폴라로이드 랜드 95는 판매가 개시되자마자 선풍적인 인기를 일으키기 시작했고 판매 첫날 바로 품절이 되었다. 이후 폴라로이드 카메라는 즉석 사진기라는 대명사로 통할 만큼 시장을 장악하게 되었고 날개 돋친 듯 팔려나가 1960년대 후반에는 미국 가정의 과반수가 폴라로이드 제품을 소유할 정도로 필수품이 되었다. 그러나 세상은 그에게만 절대적인 행운을 주지는 않았다. 기술의 진보로 그보다 더 빠르게 찍은 즉시 확인가능 할 뿐 아니라 지우고 편집까지 가능한 디지털카메라가 등장하면서 즉석사진기는 사양길로 저물기 시작했다. 결국 폴라로이드의 전성기는 2001년도를 기점으로 파산한 뒤 매각되었다. 사실 에드윈 H 랜드가 대단한 발견을 한 것 처럼 보이나 실상은 역발상을 촉발시킨 자그마한 단서를 흥미롭게 대한 결과이다. **고정관념은 그 틀이 깨지기 전까지는**

한 시대를 지배하는 것처럼 보이지만 과도기에 놓여진 일시적인 허상에 불과하다.

에드 윈 랜드는 목적의식은 분명했지만 단일목표만을 추구하고 이 후 시대적 패러다임 *paradigm* 의 흐름에 촉각을 세우지 않은 채 끊임없는 목표의 궤도 수정에 신경을 쓰지 않았다. 나는 앞서 단일 목표만을 추구하는 것은 위험성을 내포하며 그보다 먼저 뚜렷한 목적의식을 품고 유지해갈 때 목표는 자동적으로 수립되고 끊임없이 새로운 목표가 발굴될 수 있음을 지적했다. 에드 윈 랜드의 사례는 그가 현실에서 보내오는 신호를 홀대하지 않고 소중히 대하고 자신의 창작품으로 반영하여 성공시켰다는 점에서 매우 훌륭한 귀감이 된다. 반면 그는 새로운 패러다임의 전환에 실패했다.

패러다임이 반드시 혁명적인 것만을 뜻하는 것이 아니라는 점을 주지하기 바란다. 기존에 없었던 것을 놀라운 발견으로 새롭게 창작하여 만드는 것이 혁명이라면 **패러다임은 그 다음세대에 진화하는 형태의 그 무엇이라고 말할 수 있다.** 그것은 시각적인 감각에만 의존하는 것이 아니라 세상을 이해하고 해석하며 인식하는 과정을 수반한다. 즉, **세상을 바라보는 관점을 달리하는 것인데 그 시대에 해결되지 못하는 문제의 상황에 직면하여 한계에 다다를 때 기존 패러다임을 대체할 만큼 강력한 새로운 패러다임의 전환이**

일어난다. 결국 에드 윈 랜드는 한 시대의 세계관이 다른 세계관으로 바뀌는 혁명과정의 교체를 간과한 것이다. 또 다른 예로 필름하면 이 필름을 떠올릴 정도로 필름업계의 대명사로 일컬어지는 코닥필름은 관련업계에서 최고의 기업으로 정평이 나있었다. 그런데 이 기업이 어느 날 사라졌다. 그 이유는 시대적 흐름에 눈을 뜨지 못한 채 필름 제조사업에만 고수하는 자세가 원인이었다. 디지털 카메라가 등장하면서 필름 사용자가 빠르게 격감한 것이다. 아이러니한 점은 코닥필름이 우리가 현재 대중화되어 누구나 다 사용하는 디지털 카메라의 개념을 최초로 도입하여 개발한 기업이라는 점이다. 그럼에도 불구하고 코닥은 디지털 카메라의 대중화 예측 시점과 필름의 도태 가능성을 무시하였다.

웨이브와 접속되기 위한 일련의 과정들은 이처럼 아주 작아 보이는 단서에서 긍정적인 변화가 태동된다. 당신은 목표를 이루고자 하는 목적의식이 분명하게 서있고 그에 따라 마음은 가슴의 명령을 한 치의 의심 없이 이행할 때 시야에 들어오는 세상의 모습은 푸근한 현실로 바뀌어지게 된다. 마음과 영혼이 아무런 갈등을 일으키지 않을 때 현실의 층은 나의 목적의식과 융합되어 녹아들어 갈 수 있다. 마치 꽃들이 만발한 정원에서 다양한 꽃들의 모습을 살펴보듯 당신의 관점은 꽃길을 따라 거닐 뿐 만 아니라 꽃향기와 꽃들의 모양을 유심히 관찰하는 느긋한 태도로 기분을 만끽하는 것이다. 바로 그런 태도로 현실의 흐름과 주변에서 일어나는 작은 변화의 흐름을 놓치지 말고 낚아채야 한다. **어떠한 특정조건들이 당신의 기대치를 잘 충족시켜 나가는지를 늘 유심히 관찰해가도록 하는 것이다.** 그것이 설사 무시할 정도로 아주 작아보여도 당신의 목표성취에 일격의 결정타를 가할 수 도 있다. 결정타란 물꼬를 터버릴 수 있는 강력한 힘의 충격을 가하는 것이 아니라 현실에서 요청해오는 특정 신호를 잘 읽어 들여 반영할 때 그 일은 당신이 원하는 방향으로 어김없이 일어난다는 사실이다. 현실의 곳곳에서 드러나는 신호들을 잘 포착하고 그것들의 미세한 신호를 현실에 반영하여 긍정적인 가시화를 하는데 진력을 다해야한다. 당신의 관점이 찾고자 한다면 우연한 기회에 예상치 못한 발견을 할 수 있다. **예상 밖의 우연이 일어날 수 있도록 더 많은 시도를 허용할 필요가 있다.** 성공의 가능성을 보장해주는 단서를 어디서 찾을 수 있을까? 이 점이 누구나 간절히 원하는 성공의 초점이다. 그 해답은 당신이 생각하고 행동으로 옮기는 과정 중에 우연찮게 일어나는 작은 긍정적 변화를 유심히 관찰하는데 있다. **그 변화의 조짐을 가능한 재빨리 읽어내라.** 가벼운 물결이 물보라를 일으켜 작은 파도를 만들어내는 순간을 잘 포착하라는 것이다. 무엇보다 즉각적인 준비에 들어가 행동으로 실행하는 것이 중요하다. 그것이 현실과 맞아떨어질지 어떨지를 염려하지 말라. 이 점을 습관처럼 받아들이고 행하면 머지않아 웨이브를 촉발시킬 예상을 뒤엎는 필연적인 행운이 밀려온다.

시간의 굴레에서 벗어나라

모든 것은 시간 속에 낱낱이 기록되고 새겨진다. 누구든지 시간의 예속에서 벗어날 수 는 없지만 시간의 흐름을 자신에게 유용한 방향으로 제어할 수 는 있다. 시행착오를 거듭하는 것 역시 앞으로 일보 전진하기 위한 과정으로 긍정적인 재해석을 하듯이 시간의 흐름과정도 종속되지 않은 채 얼마든지 당신이 물길의 방향을 바꾸듯이 제어가 가능하다. 물이 높은 곳에서 낮은 곳으로 흐르려는 성질은 중력의 영향에 의해 그런 것처럼 시간도 과거에서 미래로 흘러간다고 믿고 있는 사람들이 아주 많다. 이로 인해 과거의 원인이 현재의 결과를 낳는다는 생각이 뇌리에 박혀 있는 것이다. 그래서 과거에 저지른 양심의 가책에 자신을 가두어두면 현재는 늘 우울해지기 마련이다. 반대로 과거의 불우한 시절에 대한 생각에 얽매이지 않고 현재의 시련을 나에게 부여된 신의 특별한 의도로 받아들인다면 불운의 연속과정은 그 순간 고리가 끊기게 된다. **긍정적인 태도란 현실에 대해 각을 세우지**

않는 것이다. 즉, 현실과 대립하는 자세가 아니라 현실과 밀착된 관계성을 보인다.

 지금부터 나는 당신이 생각하는 시간의 관념을 완전히 뒤바꾸어 놓을 것이다. 당신의 이해를 구하기 위해 나는 비유를 들어 설명하겠다. 더욱 놀라운 것은 왜 매사 당신 주변에서 일어나는 일들에 대해 긍정적인 태도로 일관해야 하는지를 그 원인은 다름아닌 시간 속에 비밀이 있다는 것을 입증 할 것이다. 이제 **당신이 시간에 담긴 비밀을 알게 되면 시간의 굴레에서 해방되는 진정한 기쁨을 맛보게 될 것이다.** 단지 비밀을 아는 것에 그쳐서는 안 된다. 그 비밀이 가져다주는 효과를 누리기 위해 당신에게 몇 가지 요구사항이 제시될 것이다. 먼저 한 가지를 묻겠다. 과거에 있었던 소산이 현재의 나로 만들어 놓았는지를? 또 다른 질문은 현재의 모든 진행 결과는 과거 속에 남겨져 쌓여가고 있다고 생각되는지? 당신의 대답은 둘 다 맞는다는 것이다. 전자의 질문에 대해 과거는 시간의 영속성에서 그저 지나온 발자취로 남아있는데 문제는 당신이 현재의 현실에서 일어나는 결과를 과거의 것과 연관시켜 이런 저런 핑계를 댄다는 점이다. 그뿐인가? 과거로 인해 현실을 각색하기 위한 과거의 재해석 과정이 개입하게 된다. 즉, 마음의 요동침을 무마시키려 애쓰고 있다는 점이다. 물론 나는 그 점을 충분히 이해한다. 그렇게 하지 않으면 당신은 과거 속에 쌓인

먼지투성이의 창고에서 숨쉬기조차 어려울 것이기 때문이다. 이런 상황의 예는 힘들었던 과거의 상황이 오늘의 나를 있게 만들었다고 하는 성공한 사람들의 말에서 찾아볼 수 있다. 그들에게는 그런 악조건의 상황이 자신을 더욱 견고하고 단단해지도록 채찍질하는 계기가 되었다고 하는 것이다. 과거의 그런 시련이 없었더라면 이렇게 성공할 수 없었다고 과거의 암울한 부정적인 상황을 긍정적인 상황의 해석으로 되돌리는 것이다. 반면 정반대의 상황도 있다. 그런 과거 때문에 현재 나는 고초를 겪고 있다고 받아들이는 것인데 이 경우 과거는 선택과 판단의 오류, 실패의 연속으로 점철되어 그럴 수 밖에 없었다고 수용하는 것이다.

당신에게 물은 이 두 가지 질문에 대한 차이점은 놀랍게도 존재하지 않는다. 이유인즉 관점의 차이에서 온다. 과거에 대한 재해석 과정은 현재의 현실에 기초한다. 현재의 상황이 부정적 상황으로 보일 때에는 가차 없이 자신을 과거로 핑계를 돌리려 하지만 긍정적 상황으로 움직여가게 되면 마음은 과거를 긍정적인 면으로 윤색하려는 해석을 하려든다. 어찌되었던 당신이 취하는 행동의 결과는 시간의 흐름에 따라 과거의 층에 겹겹이 싸이게 된다. 그런 과정에서 치명타를 준 오류가 발생한 현재의 현실이 당신의 눈에 커져 보일 때 그것은 당신의 발목을 잡게 된다. 이 순간은 아직 과거의 연속 고리에 걸지 않은 상태이다. **당신이**

그것에 체념하고 낙심하며 포기할 때 침체된 어두운 과거의 시간 범주 안에 연결고리를 걸게 된다. 그런 후 일이 틀어질 때마다 오류를 일으킨 과거의 층에 잠재된 기억을 끄집어내어 핑계를 대기위한 재해석을 가하게 된다. 그 일만 아니었더라면, 그렇게 판단을 내리지 않았다면, 그런 선택을 좀 더 신중하게 했더라면 하는 생각으로 말이다. 그런 오류의 인식에서 당신은 적어도 하나 이상의 교훈을 얻게 된다. 다시는 그런 일과 맞부딪히지 않겠다는 다부진 결심으로 마음을 안정화 시키는 작업과정을 순환하게 된다. 이 패턴의 고리는 당신을 반복적으로 현재와 과거의 시간사이를 오고 가게 만든다. 현재의 일을 진행하다가도 과거의 그 사건과 일로 인해 일시적으로 당신의 마음이 무언가에 의해 통제되는 듯한 꽉 쥐어진 상황을 만들어낸다. 대체적으로 이런 상황은 실패가 번복되어서는 안 되는 프로젝트의 추진에서 곧 잘 일어난다. 정도가 더 심하게 되면 징크스로 변질되기도 한다.

   이제부터 당신에게 과거란 한낱 회상되는 기억이라 받아들여라. 내 삶의 유용한 추억으로 남아있다고 허용하라. 지난 암울했던 과거가 있었기에 당신의 현실이 보다 윤택한 미래로 다가오고 있다고 스스로에게 의도된 특권을 부여해보라. 그 어떤 상황이건 간에 당신이 과거와 현재라는 시간의 굴레의 틀에 들어가 있는 순간 그 패턴을 다시 밟게 된다. 앞서 말했듯이 과거의 덩치가 당신을 짓누르지 않도록 해야한다. 현 시점에서 과거를 재해석하려는 시간의 고리 속에 들어가지 말고 그대로 받아들이되 무엇보다도 현재의 중심이 흔들리지 않도록 해야 한다. **오직 마주보는 현재의 현실만이 당신이 그어놓은 과거의 층에 좋은 추억거리를 남게하고 다가오는 미래를 풍요롭게 한다.** 그러니 미래에 대해 걱정스런 불안감과 두려움으로 임하는 태도를 버리고 무엇보다 **현재의 현실에서 주어진 시간이 소소한 기쁨을 타고 흐르는 것을 느껴가는 자세가 중요하다. 그러면 당신에게는 시간이 점점 빠른 흐름을 타게 된다.** 뿐만 아니라 당신에게 흐르는 시간은 현실의 층이 점점 긍정적인 결과로 층을 두텁게 하는 작용을 하여 원하는 결과의 윤곽을 보다 빠르고 뚜렷하게 만들어낸다. **바로 시간의 예속이라는 굴레에서 벗어날 때 벌어지는 일이다. 즉, 시간의 경계선이 사라지는 듯한 경험을 하게 되고 시간의 가속화 작용이 일어나는 순간을 매번 경험하게 될 것이다.** 그리고 당신의 주변현실은 탄력을 받게 되어 바쁘게 돌아갈 것이다. 사실 웨이브가 일어나는 과정에 있어서 시간의 흐름은 지대한 영향을 미친다.

   이 모든 현상의 이면의 열쇠는 시간의 개념이 과거와 현재, 그리고 미래라는 시간의 경계선이 무너지고 오직 현재의 현실만이 존재하는 타임 싱크 존 *Time sync zone*

이라는 시간의 비밀에 근거한다. 타임 싱크 존의 개념은 이 현상을 가장 잘 이해할 수 있는 적절한 뒷받침이 된다. 모든 현상은 동시에 일어나며 동시에 결과를 만들어 내고 동시에 진행되고 있다. 이 안에서는 과거와 미래라는 시간의 경계선이 존재하지 않으며 오직 현재의 현실만이 존재하고 있다. 그동안 시간의 진실을 왜곡하여 인식해온 당신에게는 잘못이 전혀 없다. 과거의 원인이 현재를 결정한다는 고정관념이 깨지고 미래를 내가 결정하고 그렇게 일어남을 스스로에게 허용한다는 점이 중요하다. 시간의 또 다른 놀라운 비밀이 있다. 현재의 현실은 당신이 미래라고 인식하는 아직 실현되지 않은 미래의 현실이 실은 즉각적으로 만들어지는 과정에 있다는 점이다. 이것은 동시성의 시간지대인 타임 싱크 존안에서 정확히 분명하게 일어나는 일이다.

이 개념을 이해시키기 위해 나는 또 다른 용어를 만들어 설명하고자 한다. 바로 '체인 이펙트' *Chain effect* 가 그것이다. 체인 효과는 자전거의 체인이 움직이는 과정을 연상하면 이해가 쉽다. 자전거의 페달을 밟는 순간 체인 효과가 일어나게 되는데 앞쪽의 페달에 의한 구동 에너지는 뒤쪽에 있는 뒷바퀴의 구동 톱니에 실시간으로 전달된다. 이 과정은 매 순간 동시에 일어나는 것이다. 앞쪽의 체인은 현재의 현실에 해당된다. 그리고 뒷바퀴의 체인은 미래의 현실에 속한다. 하나의 톱니는 체인의 이동에 의해 즉각적으로 움직여지며 앞쪽과 뒤쪽에서 동시에 작용한다. 그 힘이 적건 크건 간에 상관없이 아주 미묘한 차이라도 현재의 현실은 미래의 현실을 즉각적으로 만들어가고 있다는 사실이다. 실제 현실에서 같은 이치로 이와 같은 일이 일어나고 있는데 그 현상이 눈에는 감지되지 않기 때문에 마치 현실이 정체된 것처럼 인식될 수 있다. 그래서 시간을 애타게 기다리는 과정 속에 빨려들어가게 되는 것이다. 이럴 때에는 시간이 매우 더디게 흘러간다. 이런 상황에서는 설렘이 기다림으로 바뀌어 지루함으로 변질되고 만다. 당신에게 이런 상황이 접하게 된다면 당신은 시간의 경계선을 긋기 시작할 것이다. 결국 원치 않는 시간의 굴레 속으로 다시 들어가게 된다. 시간은 당신이 움직일 때에만 흐르는 체감시간일 뿐이다. 그러나 외부세계에서는 시간차를 두지 않으면 혼란에 빠지게 된다. 그래서 당신에게 시간의 의미는 외부와의 약속에 한해서만 지키도록 하면 된다. 내부와의 약속이란 당신 자신과의 일에 있어서 지키는 것에 의미를 두지만 시간약속이 아니다. **지키는 것이란 동시성의 타임 싱크 존안에서 움직이고 있다는 사실을 망각하지 않는 것이다. 그곳에서는 긍정과 부정에 관계없이 모든 것이 생각 그대로 현실에 반영된다.** 이쯤이면 당신이 왜 긍정적인 태도로 현실에 매사 임해야 하는지 그 원인이 시간 속에 있었다는 진실을 알게 된다. 타임 싱크 존안의 체인 효과를 받아들인다면 당신을 시간의 굴레에서 벗어나 가능성의 배려를 활짝 펼쳐줄 것이다. **웨이브 역시 타임 싱크 존안에서 일어나는 전형적인 현상이다. 타임 싱크 존의 체인 효과는 웨이브를 일으키는 강한 원동력으로 작용하고 과거와 미래에 대한 경계선 긋기에서 오는 불안감과 두려움을 해소할 수 있다.** 체인 효과가 일어나는 순간에는 미래의 시간이 현재의 시간으로 끌려오는 현상이 즉각적으로 발생하기 때문에 미래의 현실이 현재의 현실로 실현되어지는 과정을 자각할 수 있다. 시간의 속박에서 해방되는 기분을 느끼는 것이다. 아무리 가까운 미래의 시간이라도 당신의 기대치가 점점 높아지게 되면 시간의 경계선은 수면위로 서서히 부상하게 된다. 꼼짝없이 시간의 굴레에 갇히게 되는 것이다. 그러니 기대치의 중요성을 가능한 낮추어야만 한다. 당신이 할 일이란 웨이브를 타기 전에 준비해야할 무엇을 만들어가고 있는 과정이 마치 자신이 살 집을 지을 때 전해지는 기쁨처럼 임해야 한다. **타임 싱크 존안에서는 무리하게 페달을 가속하여 지속적으로 밟을 필요가 전혀 없다. 멋진 것은 원 사이클을 돌게 되면 그 다음은 저절로 가속화된 힘을 받아 크게 힘쓰지 않아도 미끄러지듯 현재의 현실이 흘러간다는 것이다.** 그럴 때 당신은 어느 순간 미래의 시점에 이미 도착해 있는 것 같은 시간의 역전현상을 경험할 것이다. **미래의 완성된**

생생한 모습을 바라보는 그 시간이 미래에서 현재로 흐르는 체인 효과이다.

예상치 못하는 상황을 계기로 연결시켜가라

웨이브가 일어나는 순간을 기다리기 위해서 어쩌면 기나 긴 시간을 끈기있게 인내하며 지낼 수 도 있음을 충분히 감안해야 한다. 이루고자 하는 목표의 복잡도와 스케일, 단위 목표의 개수와 난이도에 따라 보내는 기간의 차가 현격히 달라질 수 있는 것이다. 아직은 이 세상에 드러나는 시기가 아니라 수면 밑에서 부단히 준비하는 과정 중에 있기 때문에 이 특정한 시기에는 세상의 주목을 받지 못한 채 지내게 된다. 그런데 이 기간 중 성공의 씨앗이 발아되어 뿌리를 내리고 땅위에 싹을 트기 위한 준비과정이 착실하게 소리 없이 진행된다. 당신이 혹시 이런 생각을 가질 수 있다. 준비기간이 길 수 록 좋다고 생각하는 착각에 빠져들지 말라는 것이다. 실수를 용납하지 않으려고 빈틈없는 완벽성을 기하려는 태도는 오히려 성공의 시점을 늦춰지게 하는 원인으로 작용할 가능성을 높인다. 그 이유는 세상에 노출되는 순간 당신이 미처 예상하지 못한 논리적인 허점이 드러날 때의 충격파를 능히 감당할 수 없다면 지나친 욕심은 절대 금물이다.

수많은 성공한 사업가들의 성공의 씨앗을 살펴보면 그들은 주력사업 아이템의 결정을 위해 면밀한 관찰과 관점에서 시작하지만 완벽한 준비끝에 이 세상에 선보이지는 않았다. 당신도 잘 아는 마이크로소프트, 애플도 그렇게 작게 출발했다.

디지털 기술의 급진적인 진보에 의해 지금은 그늘로 사라진 이 제품은 전 세계에 약 2억만대 이상의 판매를 기록했고 이 제품으로 일약 세계적인 전자제품 기업으로 발돋움한 소니(SONY)가 있다. 2010년 타임지는 1923년 이후 출시 상품 가운데 인류생활에 가장 큰 영향을 준 100대 제품에 이 회사의 제품을 포함시켰다. 바로 오늘날 CD플레이어의 전신인 '워크맨'의 신화이다. 워크맨의 탄생신화는 1946년 5월, 소니 창업자 이부카 마사루(Ibuka Masaru)와 모리타 아키오(Morita Akio)로 거슬러 올라간다. 이 두 사람은 테이프형 녹음기와 트랜지스터 라디오를 개발하는 등 전자기기 전문회사로서 기반을 다져나갔다. 그러면서 새로운 제품의 필요성을 느끼던 중 큰 음향기기를 들고 다니는 불편함을 토로하는 직원의 불평을 듣고 머릿속에 스치는 영감을 얻게 된다. 개인이 편하게 들고 다니면서 언제 어디서든 헤드폰을 끼고 음악을 들을 수 있는 기기를 만들어야 겠다는 아이디어가 모리타 아키오의 머리에 떠올라 1979년에 상용화 제품으로 실현되기에 이른다. 모리타는 신제품의 홍보전략

일환으로 자사 직원들이 직접 워크맨을 착용한 채 주요 시내와 대학가를 돌아다니도록 했고 음악계통의 업계 전문가와 영화 및 드라마 배우들에게 워크맨을 공짜로 보내주었다. 또한 광고 전략도 개인이 운동할 때나 걸을 때나 언제 어디서도 원하는 노래와 음악을 들을 수 있다는 강점을 부각시켰다. 시장에 출시된지 한 달 후 반응은 가히 폭발적이었다. 제품 주문이 곳곳에서 밀려들어오면서 대박을 내는 제품으로 우뚝 서게 된 것이다. 졸업입학 선물로 최고의 인기를 구가하고 관련 노래 테이프가 불티나게 팔려나갔고 액세서리 제품들도 덩달아 호황을 누리게 되었다. 급기야 1980년대 후반에 들어서면서 워크맨은 미국을 비롯하여 전 세계적으로 미니 카세트 열풍의 붐을 일으켰다. 국내에서도 삼성, LG 대기업이 '마이마이'와 "아하프리'라는 카세트 플레이어가 출시되었다. 기업의 생명력은 끊임없는 신제품의 개발로 이어져야 하는데 차기 신제품에 대한 모리타의 관심은 한 직원의 불평에서 번개처럼 스치는 영감으로 다가와 새로운 시장에의 개척에 정확히 적중시킨 것이다. 중국 최대 전자상거래 기업인 알리바바그룹의 창업자 마윈은 '청년 비즈니스 프로젝트 컨퍼런스'에서 사업을 시작하려는 젊은 예비창업자들을 위해 '사람들의 불만에서 기회를 찾으라'고 말했다. 그는 또 '사람들이 무언가에 대해 불평하거나 불만족스러워할 때`가 바로 비즈니스 기회라 생각하고 포착하라는 조언을 아끼지 않았다.

궁극적으로 웨이브 현상을 촉발시키는 계기는 의외로 엉뚱한 곳에서 시작되는 경우가 많다. 지금은 잘 알려진 유수 제품들의 아이디어 발상이 당초 의도하지 않은 상황에서 어처구니없는 실수와 실패에서 비롯된 경우가 많다는 사실이다. 반면 소니의 워크맨 사례는 그런 점에 착안한 것이 아니라 관찰자의 시점에서 탄생한 작품이다. 모리타의 제품 아이디어는 기존 녹음기의 기능과 정면 배치되는 것으로 녹음의 기능을 제거하는 대신 플레이 기능으로 바꾸고 언제든지 휴대가 간편한 콤팩트한 사이즈에 음악과 노래를 들을 수 있도록 하는 제품 컨셉에 주안점을 두었다. 그는 이 제품이 10대~20대층의 젊은 층들을 겨냥한 히트상품이 될 것을 믿어 의심치 않았다. 어떤 제품이 뜨거나 노래가 히트하는 경우 브랜드의 작용이 적지 않게 작용한다. 브랜드의 명성이 클수록 후속 신제품들은 오히려 소비자와 잠재고객층들을 기대감으로 매료시킨다. 그러나 당신이 브랜드조차 갖지 못한 상태에서 당신의 작품이 만인의 입에 오르내리려면 대중들의 관심이 무엇 때문에 쏠리는가를 알아야 한다. 그들은 즐거움과 놀라움, 감동과 환희, 참신함과 신선함에 끌린다. 이 모든 것은 신선함과 직결된다. 결과를 예측할 수 없는 가운데 어떤 것이 어떻게 작용하여 현실에서 폭발적인 반응을 일으킬지는 아무도 알 수 없다. **중요한 점은 주**

대상 목표의 복잡성과 단위 목표의 수에 따라 다양한 단서들이 포함되고 그 가운데 특정 단서가 웨이브에의 연결로 진입하도록 하는 결정적인 역할을 한다는 것이다. 정확히 말하면 특정 단서가 거대한 핵폭발을 일으키는 도화선에 직결된다. 주변의 것들은 특정 단서를 부각시키기 위한 용도로 작용한다. 흥미로운 점은 사람들의 이목이 처음에는 폭발상황에 주의를 돌리지만 이내 폭발을 일으킨 핵에 주의가 집중되면서 관심은 그쪽으로 방향을 틀어 쏠리게 된다.

싸이의 '강남스타일'로 되돌아가보면 유튜브에서 그의 노래가 두 달 만에 공식 조회수 2억 2천만을 돌파하면서 짧은 시간 안에 전 세계인들을 흥분과 열광의 도가니로 몰아넣었다. 처음에는 흥겨운 리듬의 댄스 음악이 눈길을 끄는가 싶더니 누구나 쉽게 따라할 수 있는 말 춤에 시선이 집중되었다. 게다가 폭소를 자아내는 재미와 즐거움에 푹 빠져 패러디 영상 및 커버댄스가 전 세계 곳곳에서 만들어지게 되었다. 당사자는 전혀 예상치 못했던 상황에서 뜻밖의 붐업이 전 세계 각처에서 봉기를 하듯 일어난 것이다. 그 물결은 갑작스런 쓰나미처럼 일시에 세계인들의 마음을 온통 들뜨게 만들어 버렸다. 마침내 웨이브가 몰아친 것이다.

그는 한국 가수로는 최초로 미국 하버드 대학의 초청 강연을 받기도 했는데 그의 강연은 당초 200명

좌석의 오디토리움에서 진행될 예정이었으나 예상밖의 1,400명의 참석요청이 대거몰려 달라이 라마, 엘 고어 부통령 등 유명 인사들이 강연을 했던 메모리얼 처치로 장소를 옮길 정도였다. 그는 강연에서 다음과 같은 말들로 청중의 시선을 또 한차례 집중시켰다. '나는 한국에서 12년 동안 가수 활동을 했지만 국제적인 가수가 되는 걸 기대하거나 꿈꾸지 않았다. 나는 내 나라에서 행복했다' 며 지금의 인기를 예상하지 못했다고 밝혔다. 그는 강남 스타일이 성공하게 된 원인에 대해 '전혀 예상치 못한 사고' 였다고 익살 멘트를 날려 좌중의 참석자들이 일시에 폭소를 터뜨리게 하는 웃음바다로 만들었다. 유튜브에 올리게 된 사유도 '소속사 직원 중에 유튜브에 발표 곡을 올리는 여직원이 있었는데 강남 스타일도 올리자고 해서 아무 생각 없이 그러라고 했다. 그것이 대박으로 터졌다. 만약 담당직원이 근무태만이었다면 나는 여기에 없었을 것' 이라고 말해 참석자들을 또 한 번 웃음의 도가니로 만들었다. 즉, 많은 이들이 자신이 만든 자작 동영상을 유튜브에 올리고 즐기듯이 그도 그랬다는 것이다. 그는 유튜브를 마케팅 수단으로 생각하고 올린 건 아니라 유튜브가 많은 층들이 동시에 보면서 즐길 수 있는 수단이었기에 그걸 활용한 것뿐이었다. 그런데 뜻밖에도 이 영상을 보는 사람마다 폭소와 즐거움을 만끽하면서 주변 친구와 지인들에게 자발적으로 입소문을 내기 시작했다. 웨이브가 일어나기 직전의 전조현상에 해당하는 지각변동의 조짐이 일어나기 시작한 것이다.

  그렇다면 유투브의 전파력이 그에게 영광을 안겨다 준 결정적 역할을 한 것일까? 당신은 아마도 그렇게 생각할 것이다. 사실 유투브에는 매일 전 세계에서 수 만가지의 동영상이 시시각각 경쟁적으로 올라오고 있으나 대다수의 영상들은 잠깐 동안 흥미를 일으키다가 기억속에서 사라지고 만다. 그런 가운데 유독 강남 스타일은 시간이 흐를 수 록 거센 여세몰이를 하더니 압도적으로 질주하면서 독주를 놓치지 않았다. 무엇이 그들을 열광하게 만들었을까? 유투브는 강남 스타일을 실어 나르는 운반수단이지만 진작 폭발적인 관심을 끌게 하고 이목을 집중시킨 것은 누구나 쉽게 따라할 수 있는 '말춤'이 결정적인 단서였다. 나는 앞서 사람들의 이목이 처음에는 주의를 돌릴만한 상황에 쏠리지만 잠시후 폭발적인 상황을 만들어낸 핵심에 주의가 집중되면서 관심은 그쪽으로 방향을 틀어 쏠리게 됨을 말했다. 말춤이 탄생하게 된 배경에는 싸이의 관찰력이 한 몫을 했다. 그는 패러다임의 혁신에 중점을 두었고 그에 따른 관점을 달리했다. 자신의 스타일에 가장 잘 어울리고 누가 들어도 신명나는 리듬을 창안해낸 것이다. 그에게는 기회포착을 위한 논리적이고 사전 분석적인 면을 제치고 다양한 시도에 강한 흥미와 매력을 느껴갔다. 그리고 시도를 할 때마다 자신만의 스타일로 소화시키는 독창적인 면을 우선시했다. 그렇다고 그는 자신을 유일무이한 존재로 만들기 위해 유별난 방식을 채택하지도 않았다. 다만 자신의 트루 컬러를 독창적으로 돋보이기 위해 그에 완벽히 어울리는 코믹과 재미, 신명남과 즐거움, 매력의 발산을 한껏 고조시킨것이다.

우연을 가장한 필연들을 일으켜가라

이 세상에는 우연과 필연으로 볼 수밖에 없는 진실이 매일 매순간 일어나고 있다. 문제는 이런 이분법적 사고가 당신에게 이로운 작용을 하는가이다. 사람들은 대개 보편적으로 우연과 필연의 사건들을 자신의 이득과 손실로 연결하여 행운과 불운으로 갈라놓는 습성에 젖어있다. 만약 당신의 생각대로 이 세상에는 절대 우연히 이루어지는 일은 없다고 굳게 믿고 있다면 수많은 우연의 사건들의 영향력은 무시되고 필연만이 남게 될 것이다. 즉, 우연은 있을 수 없다는 논리이다. **우연은 예상을 뒤엎는 성질을 품고 있다. 그 성질이 세상의 모든 것에 영향을 미치고 있는 것이다.** 소위 전문가조차 자신이 내놓은 예측 가능성이 종종 빗나가는 이유도 이 성질에 기인한다. 그들은 자신의 지식과 관점으로 현실을 이해하고 분석하려 들지만 그 모든 가능성에 대해 확실하게 짚어내지는 못한다. 마치 팝콘을 만들어 낼 때 어떤 알갱이가 어느 방향으로 어떻게 튈지 전혀 예측할 수 없다는 것과 일치한다. 하지만 당신은 팝콘이 튀는 시점의 조짐을 잘 관찰하여 읽어낼 수 있다. **모든 현상의 이면에는 특정패턴이 작용을 하기 때문에 그 패턴이 작용하는 특정조건들을 충족해가면 남들이 말하는 선견지명을 갖게된다.** 나는 그것은 "**현실의 리딩작업**"이라고 부른다. **사실 당신 앞에 벌어지는 모든 일들은 외부 세계의 우연을 가장한 필연적인 일들의 반응이 일어나는 것이다.** 필연적으로 일어날 수 밖에 없는 일들이 매일 당신 눈앞에 전개되는 상황에서 당신은 나와 관계없는 것들을 걸러내느라 분주하게 된다.

그러면서 나에겐 행운이 언제 어디서 어떻게 다가올까? 하며 자신만의 행운을 거머쥐기위해 무엇이 꼭 필요한지를 궁금해 한다. 정답을 미리 말하자면 **나에게 꼭 일어났으면 하는 이벤트가 필연적으로 벌어지기 위해서는 뜻밖의 우연의 일치와 만나는 의도적인 시도를 감행해야 한다. 왜냐하면 의도적인 시도는 당신에게 도약의 기회를 부여하기 위한 행운을 품고 있기 때문이다.** 의도적 시도가 남들의 눈에는 필연으로 밖에 인식할 수 없는 필연적 가능성에 개입하게 만든다. 당신은 그것을 당신만의 행운을 불러오는 원칙으로 삼아도 좋다. 당신은 분명 경험을 할 것이고 놀라움을 금치 못할 것이다.

나의 체험을 소개하면 일반적으로 사람들은 UFO 목격을 좀처럼 목격하기 힘든 일생일대의 우연한 만남으로 간주한다. 그래서 일평생 UFO를 단 한번 목격하는 것조차 하늘의 별따기처럼 가능성을 거의 무시하고 있다. 그래서 나는 UFO와의 만남을 우연이 아닌 필연적인 접촉 상황으로 만들 방법을 강구하게 되었다. 단순한 일회성에 그치는 시도가 아니라 장기 프로젝트화하여 10년간의 기간을 설정해두고 추진할 작정이었다. UFO를 의도적으로 촬영한다는 시도는 확률상 매우 희박했지만 놀랍게도 첫 시도에서 나는 도저히 믿기지 않는 UFO 근접조우의 성공적인 쾌거를 거둘 수 있었다. 텔레파시로 UFO를 의도적으로 불러들이는 이 기상천외의 X-프로젝트에 대해 성공 가능성을 저울질 했다면 애초부터 나는 그런 무모한 시도를 하지 않았을 것이다. 성공할 수 있을지를 의심하거나 일을 추진하는 과정에서 계산적으로 저울질하려는 무의식적인 마음의 습성을 잘 조율해야 한다. 작은 행운은 단 기간 안에 쉽게 이루어질 수 있으나 엄청난 행운은 장시간에 걸쳐 조금씩 서서히 틀을 형성해가면서 만들어진다. 따라서, 당신의 포부가 크든 작든 관계없이 필연적으로 행운을 만나리라는 것을 의심치 말라. 그 과정에서 당신은 비약적인 발전을 보이는 새싹의 사전 징후를 포착할 수 있게 된다.

흥미로운 점은 우연과 필연의 차이가 어디에 있는가이다. 이 점을 당신이 알게 되면 당신은 남들에게서 일어나는 우연한 행운의 찬스를 부러워하지도 않는다. 예컨대 현실과의 친밀한 관계를 형성하는 태도는 행운을 붙잡는 단초가 된다. 당신은 그것을 붙잡아 당신이 원하는 것에 연결고리를 갖는 또 하나의 기회로 받아들여라. 우연을 가장한 필연은 그런 식으로 다가온다. 전혀 생각지 못한 것을 예상치 못하는 과정에서 우연히 발견해낸 행운으로 만드는 '세렌디피티(Serendipity) 법칙'에 따르면 **전혀 관계성이 없어 보이는 것에서 우연적인 상황을 또 다른 연결고리로 받아들여 그것이 필연적인 결과를 이끌어 당신에게 내준다는 것이다.** 즉, 당신 앞에 놓인 상황과 실험 또는 시도하는 과정에서 뜻밖의 일어난 일들이 의외의 행운을 가져다준다는 것이다. 이 법칙 또한 특정인에게만 해당되는 점이 아니라 당신에게도 충분히 일어날 수 있는 여지를 갖고 있다. 당신은 무슨 수로 성공에 다다를지 전혀 모른다. 그러니 당신의 판단이 정말 잘한것인지 고민하기보다는 주변 현실에서 일어나는 다양한 일들에 대해 흥미롭게 대하고 현명한 판단의 조건을 현실의 반응에서 찾아라. 당신이 보기에 부정적인 반응처럼 여겨지더라도 곧바로 부정적인 태도를 취하지 말라. 수 많은 실수와 실패

속에 파묻히더라도 당신의 주변세상은 늘 변함없이 그대로 있다. 현실에 대응하는 당신의 태도와 관점에 따라 세상이 당신을 중심으로 하여 서서히 움직여가는 모습을 포착할 수 있다.

당신이 필연적으로 그 일이 될 수 밖에 없다고 여기면 모든 것은 우연을 가장한 채 필연적으로 당신 앞에 일어나게 될 것이다. 그때 뭐가 우연이고 필연적으로 일어난 일인지 가리지 말라. 중요한 것은 당신이 눈꼽만치의 의심을 품지 않으면 다소 시간은 걸리겠지만 이루어질 것이다. 현실에서 일어나는 반응들은 당신의 해결선상에 놓여있는 것들이니 당신의 시나리오에 한 치 밖을 벗어나지 않도록 그물을 치려고 애쓰지 말라. 당신이 할 수 있는 범위 안에서 할 일을 흥미롭게 대할 때 당신은 이 세상과 격의 없이 친밀감을 이루는 친구사이가 된다. 진정한 친구는 당신이 둘도 없는 친구라고 여길 때 무엇이든 아낌없이 당신에게 베푼다. 바로 당신의 주변 세상이 당신을 지켜보고 도울 일을 우연을 가장한 채 등장하게 된다. 당신의 순수 의도에 반해 당신이 추진하는 일과 연관을 갖는 힌트를 가지고 나타날 것이다.

정리를 하면 **당신에게 우연이란 나와 무관해 보일 때 나타나는 현실이고 필연은 나와 연관이 있어 보일 때 받아들이는 현실이라고 여기는 것이다.** 당신은 남들에게 일어나는 뜻밖의 행운들을 보고 운이 좋았던 것으로 생각한다. 그 운은 움직이는 성질을 가지고 있어 쉴 틈 없이 돌아다닌다. 그러다가 어떤 곳에 잠시 머무를 때가 있다. 누군가가 낚아챈 것이다. 그는 운의 흐름을 눈여겨보고 있다가 유효거리 안에 들어왔을 때 행동개시를 한 것이다. 우연을 가장한 행운의 다가옴을 인지하기 위해서는 먼저 당신이 현실과 밀착된 관계에 있어야 한다. 밀착관계는 현실을 가슴에 품었을 때 가능해진다. 그렇지 않고서는 당신은 외로운 방랑자처럼 이곳저곳을 돌아다닐 뿐이다. 당신의 가슴에 주변세상을 품지 않으면 현실은 마치 팔베개를 한 뒤 일시적으로 마비된 팔처럼 당신의 의도에 반하는 전혀 말을 듣지 않는 것처럼 통제권 밖에 있게된다. 당신의 어떠한 시도도 속수무책이거나 무반응의 생각지 않은 예상밖의 우연의 일들이 일어나게 된다. 이런 반응은 당신의 의도가 세상의 의도와 일치하지 않기 때문에 일어나는 현상이다.

어떻게 하면 남들에게 일어나는 뜻밖의 우연의 행운을 당신에게 안겨줄 수 있을까? 방법은 당신 주변의 따라다니는 일들에서 당신을 곤경에 빠뜨리거나 엉뚱한 원치 않는 결과를 보였을 때 실망하지 말고 현실에서 일어나는 반응들을 특정사인으로 받아들이라는 것이다. 이 특정 사인을 기록하고 여러가지로 실험해보라. **특정사인을 받아들이려면 때로는 깊은 통찰력을 필요로 하겠지만 대부분은 흥미롭게 대할 때 예상 밖의**

결과를 이끌어내게 된다. 그러한 사례는 과학자들과 연구가들의 실험에서 어렵지 않게 찾아볼 수 있다. 이 방식을 습관화한다면 전에는 눈길조차 주지 않던 대상에 당신은 필연적으로 더 많은 눈길을 보내고 수많은 우연의 현실속에서 필연으로 바꾸려는 관찰자 입장을 더 취하게 될 것이다. 그 시점에 우연의 대상체는 꿈틀거리기 시작한다. 즉, 무관해 보였던 현실의 모습이 우연의 가면을 쓰고 등장하게 된다. 이제 당신 앞에 우연이란 있을 수 없는 틀을 만들어 놓은 셈이다. **모든 것은 나의 의도에 맞추어 필연적으로 일어나게 되어있다고 확신하게 된다.** 그 시간이 언제이든 간에 중요치 않다. 중요한 건 당신이 대하는 뜻밖의 우연의 일들이 필연적으로 일어나는 것처럼 보일 때 당신은 세상의 의도를 제대로 간파한 것이다.

기다림을 설렘으로 바꾸어라

매사 당신에게는 신중한 선택과 판단을 내린 후 짧든 길든 기다림을 거치는 과정을 밟게 된다. 약속을 하거나 계약을 체결한 뒤에도 기다림이 시작된다. 비단 신중을 요하는 일뿐 아니라 단순하고도 간단한 점심 메뉴 고르기에서도 당신은 고심을 하지 않는가? 오늘따라 생각해 두었던 메뉴를 바꿔치기할 때도 많았지만 어떤 메뉴를 선택했던 간에 당신이 주문한 음식이 나오기까지 기다려 주어야 한다. 주문한 메뉴는 몇 분후에 당신이 앉아있는 테이블위에 놓인다. 끈기 있게 기다리는 게 아니라 태연히 기다리는 것이다. 어느 날 수중에 예상치 못했던 돈이 들어와 평소 먹어보고 싶었던 비싼 고급 음식을 먹을 기회가 왔다면 당신은 기다림이 이내 설렘으로 바뀌게 된다. 이 차이를 알겠는지? 매 끼니를 돌려가며 먹을 때에는 주문한 음식을 기다리지만 값비싼 뷔페에 갈때에는 당신의 마음이 설렘으로 차오르게 된다. 바로 기대감이 마음을 부풀게 하기 때문이다. 평소 접하기 힘들었던 메뉴가 당신의 욕구를 채워줌으로서 무료한 기다림을 설렘으로 바꾸게 한 것이다. 항공기를 타고 여행갈 목적지에 다와갈 때 지상을 내려다 보는 순간 역시 설레게 된다. **기다림이 결과를 얻어내기까지의 끈기와 인내의 필수과정이라면 반대로 설렘은 그 무료하고 지루한 과정을 단숨에 건너뛰게 한다.** 당신에게 정말 전하고 싶은 것은 매일 매일이 가슴속에 설렘으로 차오르도록 당신 내면과 작은 약속들을 정하라는 것이다. 약속은 지켜지고 이루어질 수 있는 것만 약속하지 않던가? 나는 당신에게 굳이 성공을 위한 공식은 어떻다고 장황하게 늘어놓고 싶지 않다. 대신 나와의 약속을 지킬 수 있는 목표의 세분화를 당신이 감당할 수 있는 범위 안에서 쪼개나간다면 그 약속은 반드시 지켜지게 된다. 그렇게 함으로서 당신은 약속에 숨겨진 거대한 힘을 직접 체험해 갈 수 있다. 치약을 쥐어짜듯 기필코 성공을 해야만 한다는 강박증에서 벗어나 선택과 판단이 설렘을 주도록 하면 당신의 가슴은 저절로 열리게 된다. 그러면 느낌은 당신의 감정에 긍정적 신호탄의 물을 들이기 시작한다. 이때 당신이 할 일이란 그 느낌에 고스란히 편승하여 다른 주변의 것들에 의식의 방해를 받지 않도록 방향 제어를 잘 해야 한다.

설렘은 내면에서 일어나고 느껴지는 순수한 감정이지 인위적으로 생각에 의해 포장되어진 감정이 아니다. 그것은 오직 영혼(가슴속)이 느끼는 순수한 감정에 속한다. 그러기에 설렘이 가지는 기분은 늘 기쁨 속에 머무르게 한다. 그 기분이란 이미 완성된 것을 보는듯한 기분과도 같다. 이러한 기분상태를 지속화할 수 만 있다면 당신은 빠른 속도로 원하는 성취를 이루어낼 수 있는 상승기류를 타게 된다. 이것은 그럴듯한 자기계발이론이 아니라 실제로 적용 가능한 긍정적인 원하는 결과를 이끌어내는 실천방법이다.

그렇다면 어떻게 기다림을 설렘으로 바꿀 수 있을까? 그것을 살펴보기 전에 설렘이 어떤 경우일 때 일어나는지를 알 필요가 있다. 설렘의 가장 보편적인 예는 여자 친구와의 첫 만남일때, 내가 정말 원하는 새로운 직장을 구해 입사하는 순간, 어렵게 새로 장만한 집에 첫 발을 들여 놓을 때 느껴지는 기분과 같다.

설렘은 당신이 원하는 것, 기대하는 것, 이루고 싶은 것, 갖고 싶은 것이 그대로 이루어진다는 것을 받아들이고 있을 때와 확신하지는 못하지만 그것이 정말 이루어질 잠재적 가능성을 안고 시도를 할 때 가슴이 설레게 된다. 그 어느 쪽이든 간에 가슴의 설렘은 긍정적인 방향으로 균형을 잡고 있다는 점이다. 물론 기대를 하는 순간에도 설렘을 동반하기도 하지만 기대는 불안감을 내포하고 있다. 반면 설렘은 불안감의 정도 수위가 매우 낮다. 그 이유는 설렘은 그것이 당신에게 있어서 중요한 것은 맞지만 중요성의 척도가 높은 것이 아니라 그 결과를 의심없이 온전하게 받아들이고 있기 때문에 오히려 중요성이 낮아지게 된다. 당신은 그것이 이루어지기 위한 특정 조건의 상황 충족들을 이미 마련해 놓았기 때문이다. 모든 것이 순조롭게 풀려 감을 확신하고 있는 것이다.

설렘은 그것이 이루어지길 간절히 원하는 기대감이 아니라 그 반대로 이루어짐을 차츰 확신해가는 과정에서 우러나는 감정이다. 그런 감정이 당신을 정신적으로 지치지 않게 하고 전진해가도록 이끌어 줄 것이다. 이외에도 설렘이 당신에게 전해주는 특별 보너스는 바로 당신이 거대한 웨이브에 편승할 수 있도록 배를 띄우기 위해 항만에 물이 가득 차오르도록 만든다는 사실이다. 당신에게 모처럼 절호의 기회를 주기 위해 거대한 바깥세상으로의 출항 준비를 위한 옮겨가는 과정이다. 당신은 이제 항만 가까이 서있다. 저 넓은 바다를 한 눈에 바라볼 수 있는 아주 가까운 곳에 도착해 있는 것이다. 이처럼 설렘은 당신에게 현실에서의 저항을 최소화시키고 웨이브의 저력을 실감할 수 있는 항만까지 도착할 수 있도록 경로의 안내를 해주는데 일조를 한다. 그것은 마치 네비게이션에 의해 차질없이 경로를 순수히 따라가는 것처럼 어떠한 현실의 거센 저항도 비켜가게 만든다.

4. 웨이브 전 단계의 전조현상들

『눈으로 확연히 드러나는 현실의 이면에는 반드시 전조현상이 일어나게 되는데 이를 징후 또는 징조라 정의한다. 웨이브가 일어나는 것 역시 전조현상으로 그 낌새를 관찰할 수 있는데 쉽게 말하면 '조짐'이라고 볼 수 있다. 그것은 마치 거대한 지진이 발생하기 전 땅이 흔들리는 조짐이 나타나고 지진의 강도에 따라 아무도 예측할 수 없는 땅이 갈라지고 무너지는 상황으로 전개된다. 웨이브 역시 이런 식으로 상황이 전개되는데 탄력을 받기 시작하는 전조현상을 포착하기 위해서는 지진발생을 초기에 감지해내는 지진계처럼 미세한 변동에서부터 눈에 띄는 변화에 이르기까지 드러나는 현상을 의식적으로 감지하는 것이다. 당신의 눈에 특별한 조짐이 일어남을 포착해야 하는 이유는 뭘까? 바로 당신의 기대치를 훨씬 뛰어넘는 경계에 접근하려는 현실의 반응이 이제 세상에 본격적인 서막을 올리려는 순간에 와있기 때문이다.』

거대한 성공의 신호탄을 알리는 웨이브현상이 일어나기 직전 세상은 당신의 기대에 부응하는 행운의 전조현상을 곳곳에서 일어남을 보여줄 것이다. 그것은 동시다발로 일어나게 되며 추종자들을 형성하게 만든다.

그들은 또 다른 후원세력들을 만들어내기라도 작정한 듯 곳곳에 마니아층을 만드는데 일조를 다한다. 당신은 예상치 못한 곳에서 스포트라이트를 받기시작하고 일약 스타덤에 떠오르는 행운을 마침내 붙잡게 될 것이다. 이것은 아무도 알아주지 않는 무명 신분에서 일약 스타 가수로 발돋움하는 특별한 탄생의 순간을 말하는 것이 아니다.

웨이브 현상은 갑작스런 예상 밖의 급부상을 가져오면서 세상 사람들에게 깜짝쇼로 선보이지만 사실은 세상의 수면위로 드러난 지극히 정상적인 반응이다. 스타는 혼자만의 힘으로 일어설 수 없다. 반드시 그 배후에는 그에게 조명을 비추도록 만든 조력자들이 숨어있다. 그들은 당신에게 열렬한 환호와 즐거움을 만끽하며 박수를 치지만 한편으론 당신의 그런 과감한 시도와 자신의 신조에 따른 거침없는 행동과 결과를 정말이지 남몰래 부러워하고 있다. 하지만 당신은 그들의 지대한 관심의 초점이 어느 순간 빗나가지 않도록 또 다른 준비를 하고 있어야 한다. 왜냐하면 그들은 또 다른 기대를 품고 있을 뿐 아니라 구경꾼으로 남아있기를 주저하지 않기 때문이다. 그러나 당신은 그들과 다른 입장이다. 예측 불가능한 미래의 세계를 불안하게 그린 것이 아니라 오히려 그러기에 흥미진진한 시도의 행위에 순수 의도가 발동을 재촉하는 것이다. 대중들은 당신의 순수 의도에 쉽게 반한다. 그들은 차츰 응원군이 되어가며 입소문을 내기 시작하면서 당신과 당신의 작품에 아낌없는 찬사와 후한 점수를 매길 것이다. 바로 행운의 전조현상이 일어나는 시점이다. 당신의 입가에 그려지는 미소 정도가 아니라 두 눈이 뻔쩍 뜨이며 놀라는 기색이 완연한 그런 표정이 거울 앞에 놓일 것이다.

웨이브의 빅뱅과 흐름타기

　인터넷 검색의 최강자로 떠오른 구글과 시골 노처녀에서 일약 세계적인 가수로 발탁된 수전 보일, 세계적인 비디오 아트의 선구자이자 창시자로 남은 백남준, 전 세계인이 애용하는 동영상 공유 사이트를 만든 스티브 첸, 책 한권 내보지 못한 무명작가가 세계 최고의 베스트셀러 작가로 등단한 조앤.롤링 등 한 개인이 전 세계를 뒤흔들며 강타한 사례는 의외로 다양한 분야에서 찾아볼 수 있다. 대단히 흥미로운 점은 이들이 각 분야에서 엄청난 웨이브를 촉발시킬 수 있었던 최초의 단서가 전혀 엉뚱한 것과 별난 곳에서 출발했다는 사실이다. 그들은 벤처기업가처럼 치밀한 계획과 분석, 합리적인 사고방식으로 일을 추진하지도 않았다. 단지 어느 날 갑자기 어떤 계기를 통하여 행동으로 착수하여 실행한것 뿐이다. 행동은 실현의 시발점이다. **행동으로 전환되도록 찾아오는 절묘한 순간의 계기는 당신의 안목인 특정한 관점에서 비롯된다. 특정한 관점으로 바라보는 시각이 발동하려면 그 대상이 당신의 품 안으로 들어와야만 한다. 그럴 때에만 정말 당신의 것이 될 수 있다.** 어떠한 것도 첫 출발은 생각의 둥지 안에 들여놓음으로서 비로소 개시가 된다. **꿈꾸는 것과 품안에 들여놓는 것은 본질적으로 다르기 때문이다.** 가슴은 품 안에 들여놓기를 진정 원하지만 마음은 이리저리 고민하기에 바쁘고 핑계를 대기 마련이다. 당신에게 훼방을 놓는 갈등은 생각과 감정의 대립에서 생겨난다.

그럼 앞서 열거한 이들처럼 행운이란 특정인의 극소수에게만 일어나는 일일까? 아니다. 이 책을 읽고 있는 당신에게도 그런 일이 벌어질 수 있다. 대신 당신에게 당부하고 싶은 말은 당신이 정말 그런 특권을 허용하는 약속을 가슴에게 확약시키고 그 약속을 지키기 위한 열정과 세상과의 줄다리기 게임이 아닌 세상과의 즐거운 동반자의 자세로 임할 때 그런 기적이 일어난다. 이 책의 가장 중요한 전달 메시지는 바로 당신의 삶에 그런 기적 같은 일이 일어날 수 있도록 이 세상에는 강력한 에너지를 품은 웨이브라는 거대한 파도가 늘 일고 있다는 사실과 웨이브에 접근해가기 위한 방법을 일러주는 데 초점을 두고 있다. 웨이브의 위력은 일순간 정적의 고요함을 깨고 핵폭발 수준에 상당하는 엄청난 파장을 일으킨다. 흥미로운 점은 웨이브가 일어난 시점에 진작 웨이브의 중심에 서있는 장본인조차 그런 일이 그렇게 빨리 일어나리라고는 전혀 기대하지도 못했다는 것이다.

당신이 세상에 전혀 알려지지 않은 무명작가라고 치자. 당신은 중견작가들에 비해 그다지 매끄럽지 못한

글 솜씨와 문장력을 가지고 유명 작품들의 대열에 끼리라 생각지도 못한다. 한 가닥 희망을 가지고 있다면 자신이 쓴 원고가 단 한권의 책으로 출간되기를 간절히 소망할지도 모른다. 어쨌든 당신은 글쓰기를 너무 좋아하는 터라 매일 조금씩 원고를 집필해가며 독자적인 세계를 문장으로 표현해가며 완성해간다. 어느새 자신이 책 속의 주인공이 된 듯 소설 속의 문장이 당신을 흔들어 놓기 시작한다. 드문드문 찾아오는 영감에 의해서가 아니라 폭포수처럼 떨어지는 생생한 시나리오가 거침없이 전개되어 가는 것을 느끼는 것이다. 그 과정은 마치 영화가 상영되면서 시시각각 드라마틱하게 전개되어 가는 시나리오의 흐름에 몰입되어 관람하는 상황과 일치한다. 당신은 그러한 순간을 기다려왔다는 듯이 잠시 기쁨에 도취되어 입가에 미소가 지어질 것이다. 동시에 당신의 가슴은 벅차오르는 감정을 억제할 수 없을 것이다. 당신의 창작품에 생기를 불어넣는 과정이 본격적으로 시작된 것이다. 이때 마음은 당신의 작품을 만드는데 부단히 손을 움직이게 하지만 당신의 영혼은 문장의 생명력에 눈길을 보낸다. 때로는 꿈을 꾸다가 주인공과 제삼자의 입장이 바뀌면서 시나리오는 반전을 기다린다. 오랜 시간이 흐르고 난 뒤 마침내 완성된 작품에 당신의 가슴은 크게 고무되고 빛바랜 원고에 갇혀 있던 작품을 세상에 선보이려는 당신의 의도가 꿈틀거리게 된다.

당신은 처음부터 출판사에서 원고를 선뜻 받아주리라 기대도 하지 않는다. 무명에다가 신인작가 아닌가? 그 점이 당신을 낮은 시선으로 바라보게 한다. 하지만 결코 기죽지 말라. 당신이 초점을 두고 있는 대상층은 작품을 기대하지 작가를 뚫어지게 바라보지 않는다. 몇 몇 출판사를 거부당한 채 전전하다가 점점 실망스런 마음이 앞서나 포기하지 않은 채 아직 접촉하지 않은 출판사를 찾아나서야 하는 한 가닥 희망의 끈을 놓지 않는다. 당신의 기획의도를 알아채는 출판사라면 당신에게 접촉하고 싶어 하는 초대장이나 연락을 보낼 것이다. 출판사는 작품의 진정성에 온갖 상상의 나래를 실은 작가라는 점을 그나마 긍정적으로 평가한 것이다. 당신의 첫 작품은 고진감래 끝에 그렇게 탄생하게 된다. 그렇지만 출판사는 아직도 회의적인 태도로 당신의 신작이 많이 팔릴 것으로는 예상하지 않는다. 그래서 첫 출간 부수는 소량인 몇 백부로 책정된다. 출판사의 입장에선 시장의 반응을 보고서 더 찍을 지를 결정하겠다는 심산이다. 그래도 당신은 흐뭇할 것이다. 그토록 원하는 출간의 소망이 이루어졌지 않은가? 나머지 책의 판매부수는 당신의 의도와는 별개의 문제로 결과는 오직 이 세상이 판가름을 좌우하게 된다. 결과가 어떨지는 출판사도 예상할 수 없다. 오히려 출판사의 입장은 상당히 비관적이다. 그러나 시도할 필요는 있었다. 출판사는 새로운 돌파구를 뚫을 생각으로 신선한 신작을 내심 기대하는 눈치다. 책이 서점에 배포되고 조금씩 입소문을 타더니 관련 해외 출판사에서 영문판을 기대하며 관심을 보이기 시작한다. 베스트셀러의 후보 검증이 되지 않은 당신에게 선 인세를 주어가며 100배에 달하는 초판을 간행하겠다는 제의를 건네 온 것이다. 기적같은 일이 벌어진것이다. 당신의 초라한 이력과 그간의 생활이 세간에 화제가 되면서 당신의 첫 작품은 그렇게 여러 사람들의 이목을 집중시키기 시작한다. 책의 판매량은 나날이 급증하면서 언론의 주목까지 받기 시작하고 기사화됨으로서 베스트셀러 진입에 탄력을 받게 했다. 해외의 반응은 더욱 가세하여 초판이 금세 바닥나는 상황에 까지 치닫는다. 베스트셀러 시장을 단숨에 강타한 것이다. 그리고 당신은 2탄의 기획을 준비해놓고 있다. 당신의 소설은 영화화 제의가 들어오고 전 세계 100개국이 넘는 곳에서 출간이 되어 사상초유의 초 베스트셀러가 된다. 당신의 명성은 하루밤 사이에 중견작가를 능가하는 유명인사가 되었고 엄청난 부의 축적도 이루게 되었다.

 나는 당신에게 작가라는 가상적인 인물의 상황 설정을 통해 웨이브의 빅뱅현상을 빗대어 이해시키려 한 것이지만 여기에 등장한 사람은 실제 인물의 실제 있었던 숨은 이야기이다. 아동 층을 대상으로 한 판타지 소설인 해리 포터 시리즈의 작가 조앤 K.

롤링의 이야기이다. 그녀는 출판사로부터 계약당시 "아동 대상의 소설은 절대 돈을 벌지 못한다."고 말을 듣기도 했으며 "기존 판타지 소설 작가들은 남자들이기 때문에 여자 이름으로 나가면 책이 안 팔릴 수 도 있다." 는 말에 J. K. Rowling 으로 바꾸기 까지 했다. 그런 연유로 그녀의 첫 작품 초판은 단 500부밖에 출간되지 않았다. 그러나 그해 이 책은 이탈리아 볼로냐 국제 아동도서전에서 책 내용에 강한 흥미를 가진 출판기획자에 의해 눈에 띄여 1억의 선인세로 계약되는 해외 출판에 까지 이르게 되었다. 이어 최종 해리 포터 시리즈는 총 7부작의 4억 부 이상이 판매되는 초 베스트셀러 현상이 일어났다. 전혀 알려지지 않은 무명의 신분과 초보 작가였던 그녀가 일약 스타덤으로 떠오르게 한 시초는 예기치 않았던 돌발 상황에서 비롯되었다. 1990년 그녀는 멘체스터에서 볼 일을 보고 런던행 기차를 타고 향하던 중이었다. 그런데 도중에 기차가 갑자기 고장을 일으키더니 무려 4시간 가량을 시골에서 정차하게 되었다. 이 무료한 몇 시간이 그녀의 인생 후반전을 송두리째 바꾸어놓을 줄 누가 알았으랴. 평소 상상에 잠기기를 좋아했던 조앤롤링은 잠시 동안 상상의 나래에 빠져 들기 시작했다. 그녀는 당시 소감을 인터뷰에서 이렇게 말했다. "그저 기차에 앉아 초원에서 풀을 뜯어먹는 소 몇 마리를 바라보고 있었어요. 그런데 제 마음속에 해리에 관한 아이디어가 번쩍 떠올랐죠.

왜 그런 생각이 났는지는 알 수 없지만 내 마음속에 해리와 그가 다니는 마법학교가 선명하게 보인 것만은 확실해요. 자기가 마법사라는 것을 모르고 있는 소년에 대한 발상은 그렇게 갑자기 떠오른 거랍니다." 조앤롤링은 영감을 받아들이고 마법의 학교에 들어가게 된 소년의 이야기를 시리즈로 엮어내기 위한 결정을 굳혔다. 그런 후 5년이 지난 1995년에 첫 작품인 '해리포터와 마법사의 돌' 원고가 탈고되었고 2년 후 1997년 6월에 소규모 출판사와의 계약을 맺음으로서 초보작가의 작품이 가까스로 출간되었다. 조앤 롤링의 경우를 분석해보면 그녀는 어려서부터 책을 좋아했고 글쓰기와 소설가로서의 꿈을 잃지 않았다고 한다. 그녀가 해리포터 소설을 쓰기 시작할 당시 매우 어려운 생활고를 겪었는데 이혼을 한 후 무일푼에 딸 아이를 유모차에 태우고 조그만 카페의 한 모퉁이에서 조용히 원고를 써내려가기 시작했다.

나는 이 시기를 **'수면 밑의 시기'**라 부른다. 인생의 고난의 시기를 감수하고 인내해가며 무명의 시절을 힘겹게 보내는 동안 주어진 시간의 원고 집필은 그동안 품어왔던 목표의식이 시동을 거는 시간이다. **이 시기는 의도하는바가 시도되어 구체적으로 실행되어가는 과정의 기간을 말한다.** 프로들의 세계에서도 새로운 작품을 착수할 때 이 기간을 거치게 된다. 풍족함보다는 다소 부족하거나 바닥을 기어갈 때 더욱 진가를 발휘한다. 그 이유는 의식의 날이 바로 서기 때문이다. 이 시기에는 생각보다는 가슴이 전하는 울림에 민감한 반응을 한다. 다시 말해 쉴 새 없이 떠드는 마음의 목소리에는 문을 닫고 의식의 주의는 가슴속의 나지막한 메시지에 귀를 기울이게 된다. 관심은 마음을 사로잡는 그 대상에 이끌리기 때문에 현실의 흐름은 온통 그쪽으로 쏠리게 된다. 바야흐로 순수 에너지의 쏠림현상이 일어난다. 이 과정에서는 막연한 기대와 욕망, 두려움과 불안감도 사라져버린다. 결정된 이상 오직 작품을 향한 열정만이 타오르게 된다. **목표와 자신은 일체화된 느낌으로 녹아들어가며 목표가 마무리될 때까지 순수 의도가 끝까지 함께 하는 것이다.** 이 시간이 자신에게는 고요의 정적처럼 다가올 수 있으며 임계점을 향한 부단한 몸부림으로 소용돌이칠 수 도 있다. 어찌되었던 이 시기에는 수면 아래에서 진행되고 있는 것으로 세상에 결코 드러나지 않는다. 목표의 착상이 엉뚱한 곳에서 출발한 것 같지만 그 배경에는 늘 가슴속에 추구하고자 하는 목적 현실을 품고 있었기에 가능해진다. 조앤 롤링의 경우 미래의 현실이 목적 현실로 바뀌는 시점의 기간중에 일어났다. 그런 후 목적한 바의 목표가 수면 위로 바턴을 터치하기까지 현실의 흐름에 순응하는 자세가 중요하다. 왜냐하면 **가장 좋은 것은 가장 적합한 최고의 시기를 택해 움직여 가기 때문이다.** 그러니 이 흐름을

통제하려고 애쓰지 말아야 한다. 그대로 현실의 흐름을 따라가면 된다.

　세상으로 노출되어 드러나는 '**수면 위의 시기**'에 진입하게 되면 모든 것들이 현실에 드러나면서 당신의 통제권을 비로소 벗어나게 된다. 당신의 작품을 세상에 이관하였기 때문에 이제부터는 세상이 주도권을 갖게된다. 이 기간 중에는 세상이 반응하는 시간을 충분히 허용하되 당신이 보기에 아주 작아 보이는 긍정적 신호가 올 때에도 기쁨을 가지고 대해야 한다. 기대치에 못 미치더라도 현실의 긍정적인 반응이 보인다면 도화선에 최초의 불꽃을 당기는 순간이 되며 그 순간은 서광이 비치는 첫 단계이다. 이 세상에는 당신의 작품에 반하는 잠재적인 팬들이 늘 존재함을 잊지 말라. 그들은 당신의 생각과 상상에 동화되어 젖어들고 싶어 한다. 뿐만 아니라 최초의 작품에 반하게 되면 격정적인 감정의 흔들림으로 인하여 가장 가까운 친구나 지인에게 입소문을 자연스럽게 전하게 된다. 입소문의 전파력은 시간과 공간을 초월하여 급속도로 퍼져나가게 되고 어느 쪽으로 튈지 모르는 상황의 전개가 무작위로 일어난다. 이 현상은 웨이브가 일어나기 직전에 보이는 전조현상이다. 그들은 열광하고 열렬한 당신의 팬이 된다. 그러한 현실의 반응에 세상은 또 한 차례 더 큰 파도를 준비하고 있다. 행운의 물결에 이어 집채만 한 강력한 파도의 힘이 당신을 등에 업고

별다른 노력 없이도 쾌속 질주하도록 만들 것이다. 관심의 대상이 급속도로 전이되면서 세상 사람들은 소수의 힘에 힘을 보태고 당신의 작품은 급부상하게 된다. 이처럼 사람들의 마음에 깊은 인상을 각인시키는 힘은 언제나 첫 작품에서 나온다. 왜냐하면 최초의 시도에는 당신의 가슴속에 품은 비범함이 오랫동안 남아 있었기 때문이다.

입에서 입으로 전해지는 입소문 현상

인터넷이 등장하면서 전 세계는 거대한 거미줄처럼 촘촘히 연결된 실시간 네트워크체계를 가지게 되었고 이로 인해 시간과 공간의 제약이 무너지게 되었다. 또한 트위터, 페이스북과 같은 SNS *Social Networking Service* 가 불특정 사람들 사이의 대화 공간을 제공하면서부터 입소문은 발 빠르게 퍼져나가는 세상이 되었다. 트위터와 페이스북과의 차이점은 기존의 인맥관계를 탈피하고 관심사를 중심으로 관계가 형성되고 있다는 점이다. 이로 인해 트위터에서 형성되는 화제는 정치와 경제, 정보기술(IT) 관련 이슈가 많고 내용도 다양하며 빠른 전파속도를 보인다. 그들은 실시간 대화로서 참여자뿐 아니라 전달자로의 메신저가 되기도 한다. 자신의 심도 있는 생각뿐만 아니라 남들로부터 전해들은 소식을 시분 초를 아끼려 듯 재빨리 전달하려는 노력을 아끼지 않는다. 그뿐인가? 시간만 나면 언제 어디서나 휴대폰을 꺼내면 새로운 정보검색과 귀를 쫑긋거릴 만한 화제의 뉴스거리, E-mail, 문자 메시지와 친구와의 1:1 실시간대화가 기다리고 있지 않은가?

　과거와 미래는 없고 오직 현재의 현실만이 바쁘게 돌아가는 세상 속에 푹 파묻혀 있는 것이다. 당신조차 예외일 수 는 없듯이 그들이 사용하는 문명의 이기와 대화 어플리케이션에 동참해야 한다. 게다가 사람들은 대화를 하다가 은연중에 화제가 될 만한 주제를 이끌어내는데 선수가 되어있다. CEO들의 성공스토리, 사건들과 사고 소식, 흥행을 거두는 영화 이야기, 베스트셀러, 스포츠 경기결과, 맛나는 음식을 잘하는 가게 알려주기 등 상대방이 관심을 끌기에 충분한 소재들을 찾아 끊임없이 입으로 전달하는 것이다. 그럼 무엇이 이토록 입을 재잘거리게 만드는 것일까? 그것의 핵심은 소통에 있다. **관심과 공감이 가기에 충분한 것들은 언제나 소통의 대상이 되는 법이다.** 가장 이해하기 쉬운 예는 영화 추천인데 특별한 마케팅이 없었는데도 단박에 흥행을 돌파하는 영화들이 있다. 예전에는 예고편과 사전광고가 영화의 흥행을 좌우했으나 이제는 개봉 직후의 영화 감상평이 중요해지고 SNS를 통하여 온라인 영화평에 대한 소식이 관객의 집객효과에 큰 영향을 준다. 여기에는 전달의 신속성, 접근의 용이성, 빠른 확산력을 가진 관심사와 공감대를 중심으로 한 실시간 커뮤니티 광장이 중요한 역할을 한다.

 입소문 효과는 확실히 강력한 파워를 지니고 있다. **입소문 효과가 긍정적인 연쇄반응을 일으키기위해서는 세 가지 조건 중 어느 하나만이라도 충족이 되면 곧바로 진행된다. 그 세가지 충족조건이란 발견, 공감, 신뢰를 보여주는 반응이 그것이다.** 발견은 당신이 평소 원하는 것을 그 어떤 것에서 우연찮게 발견했을 때 기분이 매우 고무되어짐을 느끼게 될 것이다. 그리고 공감의 반응이란 당신이 그것에 아무런 이의를 달지 않고 무조건적인 수긍하는 반응이다. 마지막의 신뢰라는 반응은 전적으로 당신의 믿음에 전폭적인 지지를 보내는 반응이다. 그 중 가장 강력한 힘을 보여주는 것은 신뢰이다. 신뢰를 얻기까지에는 발견과 공감의 정도가 우선시 되어야 한다. 아무리 좋은 제품도 그 제품에 숨어있는 기능이 소비자가 공감할 수 있는 발견에 부합되지 않으면 의심을 품게 된다. 그들은 겉모습에서 속을 속속들이 들여다보길 원한다. 그 궁금증이 해소되면 마침내 그들은 공감하면서 당신의 제품을 인정하게 되고 조만간 날개 돋친 듯 팔려나갈 것이다.

 마케팅 전략 중에는 의도적으로 입소문 효과를

일으켜 제품의 매출을 올리는데 일조를 하는 구전 마케팅 전문회사가 있을 정도다. 그들은 휴먼 네트워크를 교묘히 이용하는 커뮤니티를 구축하고 있다. 입소문 마케팅 기법의 장점은 기존 매스미디어를 통한 광고비용보다도 저렴하면서 잠재적인 소비자들에게 개별적으로 침투하도록 하는데 용이한 방법이다. 잠재고객들은 광고는 잘 믿으려하지 않는 반면에 소비자들의 말은 쉽게 믿는다. 왜냐하면 그들은 어디에도 소속되지 않은 일반 소비자이며 어느 회사와도 이해관계가 없는 사람들이기 때문에 오히려 더 신뢰를 가진다. 이렇게 지인과 개인 블로거를 통하여 전달받은 입소문은 블로그와 SNS와 휴대폰을 통하여 빠르게 동시다발로 유포된다. 반면에 자칫 전달내용이 사실과 전혀 다르거나 공정성이 떨어지게 되면 신뢰도는 추락하여 예상했던 결과는 오히려 수포로 돌아갈 수 있다. 이처럼 작은 입소문의 전달도 그 작용에 따라 엄청난 결과를 초래 할 수 있다. 웨이브의 전조현상 이면에는 입소문 효과가 큰 역할을 한다. 그들의 입소문을 관심의 주문요청으로 받아들여라. 그러면 당신에게 유익으로 돌아와 차기작은 더욱 빛나는 작품으로 그들에게 길이 남을 것이다.

열성적인, 열광적인 팬들의 증가

 당신은 그런 생각을 할 때가 많다. 당신이 원하는 대로 세상이 조금만 밀어준다면 얼마나 좋을까? 하고. 적어도 첫 시작 시점에서는 그런 마음이 든다. 이 세상은 당신의 목표가 무엇이든 간에 상관없이 당신의 힘만으로 절대 성공을 이룰 수 없다. 그것은 세상이 당신을 힘차게 밀어줄 때 일어나는 일이다. 어찌 보면 당신에게 불안감을 주는 두려운 말일 수 있지만 어쩌겠는가? 왜냐하면 아직까지도 당신은 그 수많은 사람들 중에 나 홀로 이 세상에 우뚝 서있는 것 같은 느낌이기 때문이다. 그렇지만 당신에게 기쁜 소식은 사실은 세상이 이미 당신을 돌보고 있다는 점을 간과하지 말아야 한다는 점이다. 다만 당신이 아직 잠자리에서 일어나려고 꿈틀거리기만 했지 본격적인 행동개시로 이어지지 않고 있기 때문에 현실과의 단절이 유지되고 있을 뿐이다.

 당신의 의도는 주변현실의 상황에 따라 그때그때 바뀌어가고 있는 것이다. 현실의 주도권이 당신에게 있는 것이 아니라 마치 세상이 당신을 이끌고 가는 것처럼 보인다. 당신이 현실에 안주하면 어느 순간 현실의 파도가 몰아칠 때 방향과 균형을 잃고 휩쓸려 갈 수 있다. 세상에는 수많은 다양한 종류의 파도가 이 순간에도 넘실되고 있다. 잔잔한 파도가 있는가 하면 집채만 한 파도도 일고 있다. 이제 파도는 무언가를 집어 삼키는 것이 아니다. 당신이 때로는 도저히 감당하기 힘든 현실에서 강력한 지지자로서 추진력 있게 밀어주는 절대적인 후원자 역할을 할 것이다. 그것은 거대한 웨이브이다. 당신에게 진작 필요로 하는 것은 바깥세계에 언제나 잠재해있는 웨이브를 업고서 일어서는 것이다.

세상에는 당신을 후원해줄 조력자가 늘 있다는 사실을 알아라. 이 한 가지 분명한 사실을 알게 되었으니 당신의 관점을 바꾸어 외부세계의 바람을 타고 푸른 창공에 연을 띄울 수 있는 특정 조건의 충족을 이루려는 시도를 감행하는 것이다. 무엇보다 지금까지 해왔던 세상에 도전하는 듯 한 자세를 버려야 한다. 당신이 연을 날릴 때 하늘에 도전을 하듯 하는가? 우습지 않은가? 조만간 연이 바람에 힘입어 힘차게 창공에 뜨게 됨을 그냥 알고 있지 않는가? 현실의 작동 이치는 연을 날리는 이치와 다를 바 가 없다. 당신이 보기에는 작은 하나 하나로 보일지 몰라도 그것을 소중하게 대하고 흥미있게 대해보라. 특히, 초반에 남의 시선을 의식하지 말라. 그저 그들이 관심을 가지고 지켜봄으로 여기라. 그들은 당신이 골을 넣는 순간을 은근히 기대한다. 당신이 손수 제작한 멋진 방패연이 하늘에 띄워졌을 때 그들은 연을 먼저 쳐다본다. 그리고 당신을 부러워할 것이다. 그들의 눈에는 당신이 그 분야의 프로처럼 보여진다. 새로운 관심사로 급부상한 당신의 작품에 대해 이렇쿵 저렇쿵 입방아를 찧더라도 개의치 말라. 당신의 목적한 바가 정점에 달했을 때 그들의 시선도 어차피 뒤늦게 쏠릴테닌깐.

 2006년 1월, 30대의 젊은 3인방 친구들이 모여 재미로 시작한 인터넷 기반의 단문 메시징 서비스를 본격적으로 구상하기 시작했다. 휴대폰으로 단문 메시지를 주고 받는 것에서 아이디어를 내었다. 실시간으로 다양한 뉴스들과 잡담, 화제 거리, 해외소식 등을 서로 가볍게 공유하며 전달되는 커뮤니티형 웹 사이트였다. 놀라운 것은 이들의 출발이 아주 단순한 생각에서 시작되었는데 지금은 전 세계인들이 애용하는 대표적인 SNS 사이트로 자리를 잡았다. 최초 아이디어를 제시한 이는 잭 도르시로 친구들이 전화할 때마다 "지금 뭐하세요?" (What are you doing?)라고 물어보는 것에서 힌트를 얻었고 프로그램 제작 스킬을 가지고 있던 에반 윌리엄스 친구가 웹 서비스로 구체화하는 작업을 시작했다. 에반 윌리엄스는 1999년 블로거닷컴 서비스를 개발한 장본인으로 구글에 자신의 서비스를 매각하기도 한 유능한 친구였다. 그들은 두 달간에 걸쳐 초기 반응 탐색과 프로그램상의 버그들이 존재할 가능성을 수정하기 위해 한시적으로 가동하는 베타 버전을 완성시켰다. 그런 후 2006년 7월에 정식으로 서비스를 가동시켰다. 초창기에는 다른 수 많은 신생 웹 사이트들처럼 평범한 하나의 커뮤니티 웹에 불과했다. 이후 이 웹 서비스는 2007년에 들어서면서부터 개편작업에 들어가 단순하면서도 편리하게 사용가능한 유저 인터페이스 체제를 갖추게 되었다. 또한 단순한 메시지 전달 서비스에서 확장되어 개방형 대화 공유를 지향하는 인맥 네트워크 서비스로 거듭나게 되었다. 본격적으로 SNS로서의 틀을 갖추게 되자 이를 지켜 본 사용자들은 신선함에 반하기 시작했고 2008년에 접어들면서 사용자 수가 늘기 시작하며 붐이 일기 시작했다. 2008년 2월 47만 명에서 1년 뒤인 2009년 2월에는 700만 명으로 폭발적인 기세로 급성장하게 되었다. 급기야 놀라운 성장세를 보이는 이 웹 서비스는 2008년 투자사들로 하여금 5,000만 달러를 투자 유치하는데 성공하였다. 이 웹 서비스가 당신도 잘 아는 소셜 네트워크 서비스의 절대 강자로 우뚝 선 트위터 *Twitter* 이다.

트위터는 개인적인 관심사나 화제, 뉴스, 이슈 등 정보들을 140자 이내로 불특정 다수의 사람들과 메시지를 공유하고 빠르게 전파시킨다. 그 속도는 기자들의 뉴스보도 보다 빠르게 전달될 정도다. 2009년 1월 허드슨강 항공기 추락 사건은 트위터의 위력을 실감케한 사례이다. 당시 추락한 항공기의 승객은 소지하고 있던 아이폰을 이용하여 추락사고 소식을 긴급으로 트위터에 올렸다. 주요 언론들이 현장에

도착해 사건을 보도하기 훨씬 전에 트위터에서는 이미 추락사고 소식이 퍼져 나갔다. 이처럼 한 사람의 전달 문구는 짧은 글로 속보처럼 신속히 전달되었고 자신과 관계 망을 형성한 사람들에게 공유된다. 그것을 가능케한것은 팔로워 *follower* 라는 개념에 있다. 팔로우는 추종자, 신봉자, 팬이란 뜻을 가지며 당신이 추천하여 가입한 친구를 팔로우하면 친구가 올리는 트윗(단문 메시지)은 당신의 마이 페이지에 자동으로 뜨게 된다. 친구가 올리는 트윗을 일부러 보러 가지 않아도 가만히 앉아서 볼 수 있는 것이다. 따라서 당신을 따르는 팔로워 수가 많아지게 되면 당신이 올리는 메시지는 다른 사람들에게 엄청난 파급효과를 줄 수 있다. 그에 따라 당신의 인기는 치솟고 사이버 공간상에서 유명세라는 지위를 얻게 된다. 대표적인 사례로 2008년 대선 출마를 위해 버락 오바마 후보는 젊은 층의 유권자들 지지를 확보하기 위한 방안으로 온라인 캠페인으로 트위터를 적극 활용하기도 했는데 트웨터에 계정을 만들자 그 후 팔로워 수는 115만 명에 달하게 되었다. 이어서 유명 정치가와 연예인들이 앞다투어 가입을 시작했다. 그 이유는 검증된 결과가 그들에게 확신을 주었기 때문이었다.

   그럼 이런 열성적인 수 많은 지지 팬들은 어디서 어떻게 생겨나는 것일까? 팬들은 웨이브를 일으켜놓는 결정적 역할을 한다. 팬 *fan* 의 개념은 특정한 유명스타(특히 영화배우, 작가, 연예인, 운동선수 등)들을 좋아하며 따르는 사람을 말하지만 사람이 아닌 제품과 서비스를 이용하는 고객층도 사실상 팬에 속한다. 당신이 무언가를 성취하여 주위의 사람들과 세상의 이목을 집중시키기 시작하면 소위 '마니아' *mania* 라 불리는 추종자들이 생겨나고 그들은 점차 그룹화 하여 추종세력을 형성하기 시작한다. 그러면서 당신의 일거수 일투족은 그들의 관심대상이 된다. 마니아층들은 잠재된 지지층들이 표면으로 드러난 것이다. 그들이 살아서 끊임없이 꿈틀거리게 하려면 지속적인 결과물을 선보여야 한다. 한마디로 마니아층들은 당신의 응원군이다. 후원세력인 이들은 당신의 매력에 흠뻑 빠져있는 것이다. 이들은 자체적인 마니아 전이현상을 일으켜 놓는데 이것은 전염효과와 유사한 특징을 가진다.

  흔히 스타나 유명세를 가지는 사람들에게는 늘 고정적인 팬들이 따라다닌다. 그에게는 그만의 독특한 카리스마가 엿보이며 그 느낌은 팬들을 형성하는데 지대한 공헌을 한다. 말 한마디와 행동이 팬들에게는 신선한 감동과 감정을 불러일으킨다. 팬들의 마음은 스타에게 활짝 열려있고 그를 접할 때면 팬들의 영혼은 마냥 기뻐한다. 이들은 좋아하는 감정을 넘어서 주변에 따르는 또 다른 열성적인 팬들의 인맥을 형성해 나가 팬클럽을 만들기도 한다. 팬들은 자신의 부족함과 모자람을 충족시켜 줄만한 관심거리를 늘 찾아다닌다. 때로는 우상처럼 받드는 숭배자 역할로서 충성심을 발휘하기도 한다. 그렇다면 이런 열렬한 열정적인 팬들은 어떻게 생겨나는가? **최초로 접한 첫 느낌에서 그들 자신이 열광적인 팬이 될 것인지 아닌지를 좌우하게 된다.**

나는 당신이 관심의 대상이 있거나 관심의 대상이 될 만한 인물이 있을 때 가까이 다가가고 싶으나 웬지 거리감을 느끼고 쉽게 접근하기가 웬지 불편할 수 있다는 점을 잘 알고있다. 다시 트위터 얘기로 돌아가보자. 트위터는 바로 이 점을 과감하게 무너뜨렸다. 개인적 관계를 떠나 복수의 관계망이 형성될 때 한 개인은 마음을 푹 놓는다. 즉, **높낮이를 느끼는 수직관계를 수평선상에 놓이게 했다.** 지위와 신분에 관계없이 트위터에서는 친구와 같은 편한 관계망이 형성되고 이를 통하여 누구나 부담감 없는 공통의 관심사를 기반으로 하는 인맥형성이 가능하도록 팔로워 개념이 도입된 것이다. 트위터의 강력한 힘은 바로 이곳에서 나온다. 이곳에서 열성적인 팬들이 불어나고 당사자는 추앙을 받는다. 스타는 갈급한 팬들에게 대화공간을 통해 언제 어느 때라도 자신의 메시지를 일시에 보낼 수 있다. 댓글을 통하여 그들의 심경을 파악하고 답변을 보내기도 한다. 일대일의 전자메일과 달리 트위터는 일대 다수의 메시지 전달과 빠른 확산력이 두드러진 특징이다. 이런 장점들로 인해 트위터는 오늘날 전 세계인들 중 5억 명 이상의 팬들을 확보한 가장 많이 애용하는 단문 메시지 기반 SNS로 군림하게 되었다.

5

웨이브에의 접근을
가속화시키는 방법

『루이스 런드보그는 "성공의 가장 중요한 요소는 모든 에너지를 한 곳에 집중시키는 것이다"고 말했다. 강력한 태양조차도 종이 한 장을 쉽게 태우지 못한다. 렌즈로 초점을 정확히 맞추고 지속성을 가질 때 비로소 종이에 열을 집중시켜 타들어가 구멍을 낼 수 있다. 그렇다. 누구나 진정 자신이 원하는 것을 추구하지만 정말 원하는 것이 무언지 정확하게 초점을 두지 못하면 이룰 수 있는 것은 아무대도 없다. 초점이 잡히지 못하면 이 세상에 선언할 수 없으며 갈피를 못잡고 우왕좌왕하게 된다. 결국 자신이 초점을 둘 만한 것을 찾지 못했다는 것이다. 그 말은 당신의 영혼과 마음이 합을 이루지 못한 채 갈등으로 어긋난 상태에 있다는 것을 뜻한다. 갈등이 있는 상태에서는 당신이 원하는 것은 당신의 것이 되지 못한다. 그럼 어떻게 해야 영혼과 마음이 갈등 없이 의기투합하게 할 수 있을까? 해결책은 당신만의 진정한 목표에 초점을 두는 것에 있다. 거기엔 한 가지 조건이 부여된다. 목표를 이루게 하는 실현 능력은 뚜렷한 목적의식에 있다는 사실이다. 에너지가 한 곳에 집중되지 않으면 현실의 흐름은 탄력을 받지 못하게 된다. 마치 레이저와 같은 곧은 에너지 흐름으로 목표에 줄곧 집중해가면 그 목표의 실현속도는 빠른 흐름을 타게 되는 가속화 효과를 일으키게 될 것이다.』

웨이브에의 접근을 가속화하기 위해서는 현실의 흐름이 빠르게 진행되면서 탄력을 받아야 한다. 그것은 곧 현실과 완전하게 밀착되어야함을 뜻한다. 당신은 언제든지 작은 것에서 출발한다. 무엇보다 최소의 노력으로 최대의 효과를 얻어내려고 할 것이다. 바로 도미노효과는 이런 작용을 하는데 아주 유용한 도구이다. 아주 작은 힘으로 최대의 결과를 만들어내는 원동력인 도미노효과에도 특정한 조건들이 충족되기를 기다리고 있다. 당신의 잠재력이 아직 잠자고 있다고 하면 잠재력이 최대치로 발현되기 위해서는 목적의식에 불이 붙어야만 한다. 그럴 때 열정이라는 뜨거운 불은 순차적인 도미노 효과를 일으켜 마침내 당신을 원하는 목적지로 데려다주는 견인차 역할을 할 것이다. 당신의 목적은 이 세상과 맞서 K.O로 쓰러뜨리는 야심찬 정복욕을 가지고 덤비는 것이 아니라 세상의 이치를 명확히 앎으로써 하나하나의 과정이 당신의 기쁨으로 행하는 즐거움이 되어야 한다. 목적이 당신의 부의 창출에 있지 않다. 오히려 세상의 침체된 부분을 찾아 그 맥을 뚫어주면 당신은 세상의 한 자리에 우뚝 설 수 있다. 그런 즐거움의 연속이 어느새 당신을 도착하고자 하는 물가로 인도할 것이다.

거울 대면의 효과

세상에 드러나는 모든 결과의 이면에는 홀로 움직여서 이루어지는 것은 하나도 없다. 반드시 그런 결과를 낳기 위해 현실의 충족 요건이 맞아떨어질 때 원하는 결과가 보이게 된다. 당신의 시야에 비치는 현실의 모습은 요동하지 않는 굳건한 바위처럼 보일 때가 많을 것이다. 또한 당신이 힘들게 움직여 나갈 때 비로소 현실에서 약간의 반응이 일어나는 것을 볼 수 있다. 도무지 현실과 당신과의 갭이 무엇인지를 찾기가 힘들다. 그 간극을 좁히게 위해 애를 써야만 한다. 왜 그럴까? **현실은 당신이 취하는 행동에 반응하는 시간이 늦다. 그렇치만 반드시 반응을 한다. 무반응도 반응에 속한다.** 어쨌든 현실은 마주보고 가야만 하는 누구도 피할 수 없는 늘 마주 대하는 거울과도 같은 동반자이다. 그런데 이 현실에서 요상한 반응이 일어난다. 순반응이 일어나기는 커녕 정반대의 이상반응이 일어나는 것이다. 마치 눈길에서 자동차 바퀴가 쌩하며 그 자리에서 꿈쩍도 하지않고 한치 앞도 나아가지 못하는 것과 유사한 상황에 마주치는 것이다. 결국 자동차가 굴러가기 위해서는 바퀴에 체인을 달거나 눈길을 흙으로 덮어 마찰력을 강화시켜주는 수 밖에 없다. **중요한 점은 현실의 이상반응속에 키 포인트가 숨어있다는 점이다.** 당신이 끌어오려는 노력은 현실에게 관망을 일으키는 작용이다. '내가 이렇게 했으니 한 번 살펴봐주세요' 하는 것이다. 당신은 그들에게 제안을 하듯 행동한다. 이 과정에서 힘겨운 현실과의 줄다리기 게임이 일어난다. 이제 관점을 달리해야 한다. 팽팽해진 줄을 그냥 놓아버려라. 그러면 어떤 일이 일어날까? 당신에게는 최고의 정점에 도달한 긴장감을 일으키는 중요성의 척도가 낮아지기 시작하고 숨가쁜 숨쉬기가 편안해지는 현상이 일어난다. 비로소 당신에게 현실과의 씨름이 아닌 현실이라는 거울앞에서 자신이 입은 옷을 뽐내고 기뻐하는 당신의 모습을 보게된다. 그럴때 거울은 당신에게 이렇게 말한다. "지금 이 모습을 세상에 보여봐~가장 멋지고 훌륭해! 아마도 내 생각엔 세상이 당신을 쳐다보게 될걸" 하고 말이다.

세상은 당신의 진정한 트루컬러를 보여주길 원한다. 그 트루컬러가 선보일 때 세상은 당신에게 관심을 가지고 조용히 지켜본다. 이 때의 반응에 무관심을 갖고 대하라. 세상이 어떤 관심을 가져줄지를 예측하려 하지 말고 그저 당신이 하고픈 작업에 매진해가면 된다. 그 과정은 현실과의 아무런 이해관계가 없는 상태이다. 당신은 멋진 옷으로 갈아입는 순간이기 때문이다. 세상의 이목이 집중되기 전이다. 늘 거울앞에 서있다는 것을 잊지 말아라. 현실과의 불협화음은 당신이 거울앞에서 짜증을 부릴 때 생긴다. 누구나 거울앞에서는 태도가 이내 달라지지 않는가? 미소와 함께 멋진 폼으로 옷 맵시를 살피고 헤어스타일을 신경쓰듯이 자신에게 온갖 집중을 다한다. 현실을 대하는 것도 이처럼 해야한다.

 이런 태도는 현실과 아무런 마찰을 일으키지 않는다. 여기서 말하는 마찰이란 현실과의 충돌을 의미하는 것으로 거울앞의 충돌은 만사를 흩뜨려 놓는 부정적인 결과를 낳는다. 반면 현실에서는 끊임없는 마찰이 주변에서 일어나는 것을 당신은 종종 목격할 수 있다. 이제 내가 말하려는 마찰은 현실과의 밀착된 긍정적 마찰효과를 말한다. 마찰현상이 보이는 물리적 효과를 가만히 살펴보면 마찰력이 현실을 움직이게 하는 원동력이 되고 있음을 분명하게 알 수 있다. 반대로 마찰이 일어나지 않게 되면 현실에서는 아무런 반응도 일어나지 않는다. 현실에서 일어나는 마찰이란 결코 부정적인 면이 아니라 긍정적인 면으로 작용하는 관점의 의도로서 긍정적 마찰을 일으키기 위해서는 현실 속에 잠겨야 한다. 이 메시지는 당신의 마음속에서 현실과의 간격을 두지 말라는 것이다. 간격이란 세상에 대한 회의감 또는 의구심, 불안감, 두려움, 염려스러움 등 의 부정적인 작용을 하는 요소들이 자리 잡고 있다는 것을 의미한다. 그러한 걱정거리들이 당신을 세상과 일정거리를 두게 만든다. 즉, 현실과 겉도는 현상이 일어나는 것이다. **현실과 겉돌지 않기 위해서는 강인한 마음가짐이 필요로 하는 것이 아니라 그것을 그대로 받아들이겠다는 전격적인 허용이 필요하다.** 정확히 맞물려 돌아가는 톱니바퀴처럼 마찰의 순환과정이 당신을 움직이게 할 것이다.

원하는 현실의 빠른 흐름을 타기 위해서는 이처럼 현실과의 밀착 관계가 대단히 중요한 역할을 하게 된다. 현실과의 밀착이란 현실속에 나라는 존재가 결정적인 역할을 담당하고 있는 것이다. 이 상태에서는 절대 무리한 힘을 가하지 않는다. 현실의 속도와 방향의 흐름에 따라가면서 현실의 상황이 보여주는 힘의 강도에 저항하지 않고 편승하여 하나가 되는 일체화가 이루어진다. 무슨 말일까? 이런 장면은 어렵지 않게 곳곳에서 볼 수 있다. 예컨대 가수는 대중들의 열광을 에너지원으로 삼는다. 탤런트는 시청자들의 시청률에 힘을 받는다. 회사원은 직무에 몰입하여 프로젝트를 성실히 수행해가며 완성시킬 때 상사로부터 격려와 칭찬의 에너지를 받게 된다. 이처럼 나의 역할이 누구를 위한 작용으로 움직이는지를 정확히 알게 되면 현실을 대하는 태도가 달라지게 된다. 그것은 곧 나를 위한 길이기도 하다. 흥미로운 사실은 당신의 작용과 맞물려있는 혹은 맞물려 가는 상대방도 당신이 보여주는 생각과 행동의 일치에 찬사를 보내고 감동을 받는다는 사실이다.

인간은 생각과 행동의 불일치가 많기 때문에 정반대의 매사 생각과 행동이 일치하는 모습을 보여주게 되면 상대는 스스로 감동을 받게 된다. 생각과 행동의 일치를 보여주는 아주 쉬운 예를 들어보자. 자전거를 내가 원하는 목적지로 향해 움직일 수 있도록 하려면 어떻게 해야 하는지를 당신은 잘 알고 있다. 자전거가 앞으로 나아갈 수 있는 원동력은 페달을 밟는 힘에서 나온다. 좀 더 몸집이 큰 자동차는 어떨까? 이 역시 당신이 밟는 액셀러레이터의 제어에 의해서 움직일 수 있다. 정말 그럴까? 아쉽게도 정답을 정확히 비켜갔다. 제시한 두 가지의 탈것이 움직이게 하는 원천적인 힘은 바로 바퀴에서 끊임없이 일어나는 절대적인 지면과의 마찰력에서 나온다는 사실이다. 이것이 마찰력의 힘이다. 제아무리 페달과 액셀러레이터를 밟는 행동의 명령을 수없이 내려도 바퀴가 현실(지면)과의 밀착된 관계가 형성되지 않으면 탈 것은 제자리에서 꿈쩍도 하지 않는다. 잘 움직인다는 것은 마찰력이 제대로 일어나고 있다는 것이고 움직이지 못한다는 것은 마찰력이 전혀 일어나고 있지 않다는 것이다. 거대한 현실의 톱니바퀴를 움직이는 데에는 막대한 에너지를 필요로 하겠지만 실제로는 당신의 생각만큼 무리한 요구를 주변현실에서 요청하지는 않는다. **대신 당신에게 세상과의 완전한 밀착성을 보이는 태도를 요구할 것이다. 왜냐하면**

현실과의 완전한 밀착을 이룬다는 것은 곧 현실을 당신의 의도대로 제어할 수 있음을 뜻하기 때문이다.

핵 연쇄반응 효과

1945년 8월 6일과 9일! 일본 히로시마와 나가사키에 인류 최초의 원자폭탄이 투하되었다. 문자 그대로 원폭 투하지점 반경 1.6km 안에 있는 모든 것이 폭발 후 3만도에 가까운 3만도의 고열에 의해 녹아버렸고 섬광의 불덩어리가 나타나 거대한 버섯구름이 생성되면서 4천도의 열이 지상을 강타하게 되었다. 이어 후폭풍의 강한 바람이 1,005km/h로 날아갔다. 원폭이 인간에게 미치는 영향은 60%가 섬광화상으로 30%는 건물의 잔해물로 10%는 다른 원인(질병, 화상, 부상, 합병증)으로 사망하게 한다. 폭심에서 5km 떨어진 지점의 사람들조차도 여지없이 죽음의 한계에서 버틸 수 없었는데 바로 방사능 낙진으로 인하여 5만 명이 죽었다. 원폭이 투하된 후 2개월에서 4개월 사이에 히로시마에서 9만~16만 명이 나가사키에서는 6만~8만 명의 사망자가 집계되었다. 그리고 30년이 지난 후에 약 25만 명이 방사능의 심각한 후유증으로 목숨을 잃었다. 이처럼 핵은 매우 강력한 폭발력을 보유하고 있을 뿐 만 아니라 재래식 폭탄과는 비교가 안 될 정도로 영향력이 엄청나게 크다. 가장 큰 차이점은 태양이 폭발하는 것과 같은 강한 폭발이 일어나면서 후폭풍과 함께 방사능이 강한 바람을 타고 상공으로 퍼져나가 낙진을 떨어뜨려 폭발 원점에서 멀리 벗어나있는 사람들에게까지도 심각할 정도로 그 영향이 미친다는 점이다.

  핵폭발의 연쇄반응 효과는 영향력의 반경 범위가 매우 넓으며 또한 가공할 정도의 위력을 지닌다. 엄청난 폭발력과 영향력을 갖는 **핵은 당신이 지니고 있는 내적인 잠재능력을 말한다. 열정은 잠재능력을 꺼내어 최대한 발휘하기 위해 필요한 에너지원이다. 그리고 핵이 미치는 영향력의 범위는 진정으로 현실을 가슴에 품는 것과 일치한다. 이 세 가지 점에 대해 결코 의심하지 말라.** 잠재능력은 당신 가슴속 깊은 곳에서 흘러나오는 자기장을 활짝 펼치는 것인데 이때 남들의 주의에 눈치를 보지 않고 당신이 품고 있는 상상을 소신껏 신념을 가지고 행동으로 이행하는 것이다. 만약 당신 주변의 지인들이 이러쿵저러쿵 입방아를 찧는 것에 신경을 쓴다면 당신의 잠재능력은 약화되기 시작한다. 내면에서 솟아나는 열정은 주변 현실의 자극에 민감하게 작용하여 불꽃같이 일어나기도 하지만 반대로 찬물을 부은 것처럼 이내 식어버릴 수 도 있기 때문이다. 열정은 핵폭발의 원천적인 에너지에 해당되며 폭발원점의 유효반경 내의 모든 것들에 영향력을 미치기 위해 당신 내면의 잠재능력을 최대한 발휘하게 하는데 쓰인다. 당신은 그동안 접해온 모든 것에서 비교평가하는 데에 상당한 자질을 보여 왔다. 그러나 단 한가지를 알아두어야 한다. 모든 원천적인 창조물들은 비교평가에서 출발하지 않았다. 그것이 그곳에 있어야만 하는 이유를 달고 있을 뿐이다.

비교평가에 당신의 눈길이 자주 간다면 당신은 창조적인 활동을 하는 것이 아니라 모조품을 만드는 작업을 열심히 진행하고 있는 것이다. 그 활동은 잠재력이 나서서 작용하는 것이 아나라 마음이 나서서 요모조모를 따지느라 분주하게 움직이는 것이다. 그런 행위는 온전한 결과에 대해 기대감을 잔뜩 올려놓은 당신의 마음이 만들어내는 생각의 부풀어진 거품에서 비롯된다.

핵폭발은 방사능과 폭풍, 낙진, 열을 수반하여 연쇄반응 효과를 동시에 일으킨다. 당신의 잠재력이 열정에 의해 내면에 간직해두었던 핵이 외적 현실로 드러나기 위해서는 연쇄반응 효과를 일으키는 그 무엇이 필요하다. 연쇄반응 효과는 대상을 가리지 않는다. 각각의 대상층은 파급효과가 다르게 미친다. 마치 캡슐 안에 약성분을 담은 수 많은 알갱이가 시간차를 두고 약효를 발휘하는 것처럼 작용한다. 약성분이 한꺼번에 동시작용하는 것이 아니라 약효의 지속시간을 길게 하기 위해 시간차를 두는 연쇄반응 효과를 이용하는 것이다. 즉, 하나의 핵에서 시작한 여러 기능을 갖춘 모듈들이 활성화되어 효과를 각각 발휘하는 것이다. 예를 들어 당신이 설계한 시스템에는 다양한 독립적인 기능들이 녹아들어가 있다. 그 하나하나의 기능들이 효율적으로 작동하기 위해서는 연결고리를 갖는 연결점을 심어두어야 한다. 그러면 고객은 익숙한 자세로 자신에게 필요한 부분에서 자리를 잡게된다. 고객이 스스로 플랫폼을 형성해 갈 수 있도록 만드는 전략이다. 이 전략을 잘 활용하면 마치 큰 아름드리 나무에 가지가 사방으로 펼쳐지면서 때가 되면 수 많은 열매가 맺히는 놀라운 결실이 일어남을 보게 될것이다.

헤어 드라이 효과

웨이브의 가속화를 일으키기 위한 공통점은 시간단축의 효과를 일으키는 것에 있다. 시간단축이란 무엇을 의미하는가? 빠른 시간안에 동일한 효과를 내는 것을 말한다. 시간 단축의 가속화가 어떻게 이루어지는가는 예를 들어 예컨대 머리를 감은 후 헤어 드라이어를 꼭 사용하지 않는가? 이유는 단 한가지이다. 젖은 머리를 빨리 말리기 위해서이다. 헤어 드라이어로 말리기 전에 당신은 최대한 머리를 적신 물기를 신속히 제거하기 위해 마른 수건으로 머리칼을 비비는 자연스런 동작을 할 것이다. 그 다음으로는 헤어드라이어를 켠 후 한 손으로는 머리카락을 털어내며 머리를 향해 바람을 불어대야 한다. 누구나 거의 매일 똑같이 하는 이 습관적인 행동에서 알아야 할 중요한 점은 시간단축에 있다.

헤어 드라이 효과는 세 가지의 특정조건을 가지는데 첫째는 방향, 둘째는 열정의 강도, 세 번째는 지속성이다. 이 중 어느 한 가지라도 빠지게 되면 그 효과는 상실된다. 헤어 드라이효과가 어떤 경우에 필요한지 어떤 상황에 도움이 되는지 단계별로 살펴보자. 머리를 감은 후 머릿결을 적신 물기와 수분들을 기계적인 송풍작용에 의해 머리를 말리게 되면 자연적 증발 시간보다 훨씬 빠르게 마르기 때문임을 익히 잘 알고 있다. 그것도 찬바람보다는 더운 바람이 더 빨리 머리를 말릴 수 있다. 헤어드라이어에는 세 단계의 스위칭 조작이 있다. 첫 단계는 열을 전혀 갖지 않는 자연풍으로 바람을 내보내는 것이다. 일반적으로 이 바람은 시간적인 여유가 있거나 외부기온이 더울 때 사용하는 바람이다. 두 번째 단계의 스위칭 조작은 따스한 미풍으로 약간의 열을 품은 바람인데 이때부터 머리를 말리는 시간이 단축되는 가속화가 일어나기 시작한다. 마지막 세 번째 단계의 스위칭으로 넘어가게 되면 강한 열풍이 세차게 불어대며 시간 단축효과의 가속화가 최대화된다. 이 세 단계의 스위칭에서 일어나는 바람의 효과는 분명 차이를 가지는데 아무리 강한 바람도 정해진 방향을 향해 불어대지 않으면 순풍의 역할을 하지 못하듯 머리를 말리는데 아무런 영향을 미치지 못한다. 즉, **정해진 방향으로 강한 열정이 지속적으로 유지될 때 비로소 헤어 드라이 효과가 진가를 발휘를 한다.**

파이프라인 효과

오늘날의 세상은 인터넷의 네크워크 망과 같이 오프라인에서 이루어지는 모든 활동의 대부분을 인터넷으로 접속하여 해결될 수 있을 만큼 편리한 서비스를 제공하고 있다. 언제 어디서든 휴대폰과 태블렛을 통하여 포털을 통한 정보검색은 물론 쌍방 간의 실시간 대화 및 온라인 쇼핑을 통하여 즉시 주문 신청이 가능해졌다. 즉, 시간과 공간의 제약에서 해방되었다. 인터넷 망을 통하여 오프라인에서 이루어지는 모든 실행을 손가락 터치의 몇 가지 동작만으로 순식간에 당신의 주문이 곧바로 들어가게 된다. 뿐만 아니라 당신은 새로운 비즈니스를 창출하기 위해 웹사이트를 제작하여 불특정 다수를 대상으로 온라인 사업을 맘껏 전개해 갈 수 도 있다. 그것도 전 세계를 상대로 말이다. 무궁무진한 가능성이 잠재해

있는 곳이 인터넷 기반의 통신 서비스로 가능해진다. **오프라인 무대가 온라인으로 넘어가 온오프라인의 경계가 사라진 셈이다.** 또한 인터넷은 목적한 바의 작업 과정과 결과가 사이버 공간상에서 실시간으로 이루어지는 통로 역할을 담당하는데 나는 이것을 파이프라인이라 이름 붙였다. 각 가정의 수도꼭지를 트는 즉시 물이 콸콸 쏟아지듯이 당신에게 진정 펼쳐지길 원하는 현실이 이미 가상현실의 공간 안에 구축되어 있다. 혈관처럼 연결된 가상세계는 당신이 원하는 현실이 언제든지 가능해지는 잠재력을 품고 있다. 당신이 원한다면 초기 임무란 하고 싶은 일의 선택과 준비를 마치면 그것과 접속하는 것이다. 파이프라인을 통한 접속을 끝마치면 준비된 것을 파이프라인을 통해 내보내야 한다. 그 흐름은 마치 혈액이 혈관 내를 끊임없이 흐르듯이 항상 그 흐름이 피드백 *Feedback* 되어 유지되어야 하는데 그 이유는 수요와 공급의 상호작용이 이루어지고 있기 때문이며 흐름이 정지하게 되면 예상치 못한 부작용(당신이 원치 않는 일들)이 일어나게 된다. 중요한 포인트는 사전에 어떤 대상을 위한 목표인지가 정해져야 하며 그 목표가 꾸준히 성장해갈 수 있는 플랫폼을 구축하는 일이다. 파이프라인의 종착점은 플랫폼 *Platform* 이기 때문에 플랫폼이 만들어지기까지 준비과정이 착실하게 이행되어 가야 한다.

파이프라인은 두 가지 성질을 가지는데 첫 번째는 **목적과 연계된 플랫폼에 접속하게 하는 것이다.** 오프라인의 작업을 온라인으로 이동시켜 업 로드하여 비로소 가상 플랫폼이 만들어지면 하나의 스테이션 *Station* 이 형성된다. 궁극적으로는 필요에 의해 많은 사람들이 플랫폼에 안착하게 되고 그곳에서 웨이브가 태동할 모종의 싹이 움트게 된다. 두 번째 성질은 **플랫폼이 스스로 가동할 수 있도록 영양분을 조달하는 통로로써 나무의 줄기와 같은 가교 역할을 한다**. 대표적인 예는 유튜브 *Youtube* 를 들 수 있다. 당신이 돈 한 푼 들이지 않고 전 세계인을 상대로 뭔가를 알리려면 유투브를 활용하라. 유투브는 메가톤급의 폭발력을 가진 동영상 공유 플랫폼으로서 전 세계인 대다수가 알고 있을 정도로 널리 알려진 홍보수단의 역할을 톡톡히 하고 있다. 유투브를 만든 장본인은 누구나 동영상을 함께 공유하여 손쉽게 볼 수 있는 프로그램을 생각해냈고 언제 어디서나 인터넷이 가능한 곳이라면 유투브라는 플랫폼에 접속하여 자신이 만든 동영상을 쉽게 업로드가 가능하도록 했다. 물론 당신은 준비된 저작물을 만드는 수고를 마다하지는 않을 것이다. 당신이 만든 저작물이 유투브라는 플랫폼에 접속할 수 있었던 것은 파이프라인 덕분이다. 파이프라인은 당신과 플랫폼간의 가교역할을 하는 셈이다. 목적 달성을 위한 수단인 동시에 목표를 실현하기 위해 끊임없이 영양분을 조달할 수 있도록 하며 당신은 파이프라인을 통하여 무엇을 실어 보낼지를 정해야 한다.

1994년 제프 베조스 *Jeffrey Preston Bezos* 는 아마존닷컴이라는 세계최대의 온라인 대형서점을 자신의 차고에서 5명의 직원과 사업을 시작했다. 현재의 아마존은 책을 매개로 한 거대한 전자상거래의 플랫폼으로 성장을 했다. 베조스는 전자상거래의 미래에 적합한 매개체가 뭘까를 심사숙고한 끝에 책이라 결정하고 24시간 쉬지 않고 운영되는 인터넷 가상서점을 열었다. 구멍가게 수준의 서점이 아니라 전 세계인을 상대로 한 주문 시스템을 만들어 원하는 책을 언제든지 신속하게 주문할 수 있도록 했다. 그는 단순히 한 가지 아이템을 선택하여 돈을 벌기위한 사업가로 나선 것이 아니라 궁극적으로 세계 최대의 온라인 유통업체로 발 돋음하기 위한 서막을 열은 셈이다. 그의 관점은 코앞의 이익 창출보다는 고객만족서비스를 어떻게 하면 완전한 구축이 이루어 질 수 있을까에 더 고민했다. 그 결과 단순하며 빠르게 이해할 수 있는 시스템 구축을 생각해냈는데 그의 운영방식에 획을 긋는 원클릭 주문 시스템의 탄생이 그것이다. 즉, 마우스 클릭 한 번만으로 도서 주문이 완료되는 시스템의 필요성을 강조하고 특허출원과 상품 구매에 필요한 전 과정을 최대한 간소화시킬 수 있는 프로그램 개발을 착수했다. 다시 말해서 고객과 아마존사이의 파이프라인을 최대한 단순하게 연결토록 하여 곧바로 주문이 완료되도록 했다. 그의 운영철학은 고객의 사용자 입장에서의 편의성에 최대한 역점을 두는데 집중하는 것이다. 고객들의 가치창조에 집중하여 개선해가는 노력의 결과는 많은 사람들로 하여금 아마존의 충성스런 고객 군으로 모이게 했다. 당신이 진출하고자 원하는 곳과 원하는 것에는 두터운 장막이 늘 드리워져 있다. 보이지는 않으나 분명 존재하는 벽이 있다. **그 경계선은 자신이 넘어가기를 그만두고 멈춰있을 때 생겨나는 법이다.** 허상에 불과한 경계선을 허물 방도를 궁리하지 말라. 대신 당신이 품고 있는 목적을 늘 생각하라. **목표 달성이 아닌 목적의식의 성취를 말이다.** 당신이 수립한 목적을 이루기 위한 작은 목표들의 성취를 단계적으로 수행해가는 것이다. **그 작은 시도의 행위는 어딘가에 파이프라인을 연결시키려는 의도를 지니고 있다.** 당신의 목적한 바의 통합 플랫폼 건설이 마무리되면 곳곳에 파이프라인이 연결되어 당신이 생각해둔 재미난 기능들이 작동하는 것을 보게 될것이다. 그 기능의 차별화를 만드는데 역점을 두라. 수도 파이프라인을 흐르는 물은 늘 변함없이 같은 식수가 공급된다. 물이 최종 도착하는 곳은 샤워실과 부엌, 세면대, 화장실인 단위 플랫폼이다. 용도에 따라 파이프라인을 통과한 물은 제각기의 필요 기능을 완전하게 수행한다. 그것뿐이다.

디딤돌 효과

 물이 세차게 흐르는 개울가의 반대편 쪽으로 가야 한다면 곧바로 건너편 쪽을 향해 직선거리로 갈 때 가장 수고를 덜하고 빠른 시간 안에 갈 수 있을 것이다. 무엇보다 당신은 지름길을 원한다. 누군가가 앞서서 디딤돌을 만들어 놓았다면 당신은 한 눈을 팔지 않고 기꺼이 그쪽을 향해 발걸음을 옮길 것이다. 그러나 그런 것은 애초에 없었다. 당신은 우회로를 찾아 멀리감치 돌아가는 수고를 감수해야 한다. 그런데 누군가가 건너편 쪽으로 가기위해 시간을 단축시키는 지름길을 개척해 놓았다면 굳이 마다할 일이 있겠는가? 흐르는 물을 등지고 덤덤히 자리하고 있는 묵직하고 넓적한 돌이 한 폭의 걸음에 딱맞게 놓여있다면 당신은 그것을 가볍게 밟으면서 수월하게 건너갈 수 있다. 그것도 즐거운 기분으로 소풍을 가듯 한 걸음 한 걸음 내딜 때마다 콧노래를 부르면서 발걸음을 내딛을 수 있는 것이다. 바로 디딤돌이 그런 징검다리 역할을 한다. 디딤돌 자체는 한 걸음을 내딛는 작은 점프에 불과하지만 결국에 가서는 그 하나하나가 목적지에 닿는 소요시간의 단축효과를 가져온다.
 디딤돌은 단지 당신이 내딛는 순간순간의 발바닥이 밟고 지나가는 곳이지만 당신의 의도가 반영되는 곳이기도 하다. 당신은 분명 지름길을 택한 것이고 그래서 디딤돌을 의도적으로 밟으며 기분좋게 건너가는 것이다. **디딤돌 하나하나에는 기회의 부여와 시간단축 효과가 숨겨져 있다.** 한 번의 첫걸음이 작은 도약을 이루어낸다. 첫 번째 디딤돌은 두 번째 디딤돌을 딛기 위한 발판 역할을 한다. 같은 맥락으로 그 다음 디딤돌은 또 다른 도약을 위한 시도를 연결시킨다. 그리고 의도적 시도의 지속성은 마침내 당신이 원하는 결과를 거머쥐게 한다. **디딤돌 효과의 중요한 점은 하나의 디딤돌이 현실의 이벤트를 촉발시키는 매체로 작용한다는 것이다. 당신은 아무런 의심과 염려 없이 가벼운 마음으로 이벤트의 연결점을 의도적인 행동으로 차근차근 수행해 간다는 데 있다.** 디딤돌의 연결점 개념은 어느 방향으로든 직선형의 연결 관계를 갖는 반면 웨이브에서는 사방으로 뻗어나가는 방사형 구조를 갖는다는 점에서 차이점이 있다. 흥미로운 점은 특정방향으로 뻗어나간 모종의 연결점에서 폭발적인 예상외의 반응이 일어날 수 있다는 것이다. 디딤돌 효과는 목적지로 향하는 순차적인 일방통행로의 지름길 역할을 이행하지만 **웨이브에서의 디딤돌 효과가 보여주는 연결점은 목적한 바에 접근해가는 과정에서 어떤것이 어느 때 어느 방향으로 어떻게 튈지를 아무도 모른다는 사실이다.** 이 말은 각각의 디딤돌역할을 하는 연결점이 동시에 도미노효과를 일으키기 때문에 어느 순간의 연쇄반응이 폭탄을 터뜨리는 도화선 역할을 한다는 뜻이다. 따라서, **각각의 연결점들은 목적의 성취가 이루어지는 큰 도약** *long Jump* **으로의 잠재적인 에너지를 지니고 있는 셈이다.**

주의할 점은 진행 방향을 잘 제어해야 한다. 원치 않는 방향으로 튀지 않도록 주의 깊게 바라보면서 원하는 목적지로의 움직임에 힘을 실어주어야 한다. 이 말은 방사형으로 뻗어나가는 연절점의 반응들을 어느 시점에 결집시켜 디딤돌들이 하나의 거대한 발판을 만들어내어 다리역할을 함으로서 거침없이 빠르게 웨이브에 도달할 수 있도록 해주기 때문이다. 당신이 눈여겨 볼 것은 바로 이점이다. 하나의 연결점이 작은 도약이 아닌 큰 규모의 도약으로 이어지기도 한다는 것이다. 그것은 예측불허의 티핑 포인트가 일어나도록 한다. 티핑 포인트의 배후에는 거대한 입소문 효과가 결정적인 역할을 하며 그 안에는 허브 역할을 하는 키 맨 *Key man* 이 반드시 존재한다. 키 맨은 도미노효과를 일으키는 장본인이다. 하나의 키 맨은 또 다른 사람에게 전파시키는 시발점 역할을 하며 웨이브에 접근하는 촉발을 일으킨다. 당신이 키 맨에게 힘을 실어주면 그는 당신을 적극적으로 도울 것이다. 당신이 굳이 그 다음의 행로를 나서서 개척할 필요가 없게 된다. 대신 그에게 그에 합당한 당신의 가슴에서 우러나오는 인센티브를 건네주라. 현실에서 이득이 주어질 때 당신은 언제나 그만한 대가를 치러야 한다.

에너지 응집 효과

어릴 적 당신의 기억 속에는 돋보기를 가지고 종이를 태우던 일을 기억하고 있다. 햇빛을 한가운데로 모아주는 볼록렌즈로 최상의 초점상태를 맞추기 위해 렌즈와 종이와의 적정거리를 마침내 찾아내면 잠시 후 종이가 빠르게 타들어가면서 불과 2~3초 안에 구멍이 나게 된다. 나는 이것을 에너지 응집효과라 부른다. 당신이 바라는 최종 목적은 이처럼 렌즈를 가지고 종이위의 특정 위치에 구멍을 내는 것과 같은 에너지를 모아 분명한 결과를 도출해내는 것이다. 렌즈의 역할은 단지 도구에 불과하다. 목표는 구멍을 내는 것이지만 종이위에 구멍을 내기 위한 일련의 행동은 목적한 바의 의도에 속한다. 그러나 초점이 제대로 맞지 않아 불분명하면 종이는 따뜻해지기만 할 뿐 아무런 반응도 없을 것이다. 왜 그럴까? 그것은 초점의 대상이 넓은 종이에 퍼져 있기 때문이다. 이처럼 당신이 목적하는 의도는 분명해 보이지만 목적한바가 이루어지지 않는 이유는 바로 이 때문이다. 당신은 초점의 상태에만 예의주시해야 한다. 종이에 타격을 가할 만한 에너지는 주변에 항상 존재하고 그것도 공짜지만 당신의 목표와 목적한 바의 의도가 분명하지 않으면 에너지는 분산되어 이처럼 사방으로 흩어져버린다. **에너지가 한 곳에 집중되지 않으면 현실의 흐름은 탄력을 받지**

못하게 된다. 그래서 한 곳에 집중을 해야만 한다. 레이저와 같은 곧은 일관성있는 에너지의 흐름으로 타깃에 집중하면 그 목표의 실현은 빠른 흐름을 타게 될 것이다. 끊임없는 노력은 목표에 다가가는 원동력이긴 하나 그 노력의 방향을 한 곳에 집중시킴과 제어를 할 줄 알아야 한다는 것이다. **에너지는 항상 흐르는 존재이므로 제어를 잘 해야만 한다.** 어느 방향으로 에너지를 흐르게 할지는 당신이 선택할 몫이다.

　에너지 응집효과를 일으키는 초점 맞추기는 자유 에너지의 활성화를 일으켜 원하는 것을 더욱 빠른 속도로 성취시키게 한다. 당신이 원하는 것이 무엇이건 간에 의식적으로 그것에 초점을 맞추어라. 목표가 애타게 갖고자 하는 물건일 수도 있고 또 간절히 원하는 소망일 수도 있다. 의식의 초점을 명확히 그것에 겨냥하라. 그런 느낌을 줄곧 가지고 있을 때 당신의 의식 한곳에는 갖고자 했던 물건의 가상 이미지가 이미 자리를 잡고 있다. 휴대폰에 사진을 찍어두어 간직하고 다녀도 좋다. 아니면 그림을 오려 수첩에 끼워 항상 가까이 접하도록 한다. 초점이 흐려질 때마다 그것을 꺼내어 수시로 쳐다보면서 상상의 나래를 펴는 것도 좋은 방법이다. 상상이 갖는 강력한 힘은 움직이는 가상 영상에서 간접 체험하는 강렬한 느낌의 감정에서 온다.

　이런 소원은 어떨까? 근사한 전원주택의 발코니에서 풍경을 바라보며 차 한 잔을 마시는 장면이 그려지는가?

이왕이면 아름답고 멋지게 그려보아라. 구석구석 마치 실제 장면을 보면서 체험하듯이 상상해보라. 아직 진짜 경험을 체험하지는 않았지만 당신의 의식은 이미 체험한 것과 다름이 없다. 가상현실 *Virtual Reality* 일까? 그렇다. 비 물질세계에서는 당신만의 세계가 이미 구축되어 있다. 세상에 창조된 모든 대상들이 보이지 않는 곳에서 이미 만들어지고 결정되지 않았던가? 상상 도중에 한낮 꿈이려니 하는 생각은 추호도 하지마라. 그런 생각은 초점을 흐려지게 하는 강력한 방해인자이다. **진심으로 그 과정 속에 몰입을 해야 한다. 그러면 그것은 당신의 가슴속에 품게 되고 당신의 현실의 층 안으로 서서히 접근해오면서 현실화되기 시작한다.**

당신이 정말 원치 않는 것에는 매번 진심으로 즉각적인 반응을 보이지 않았던가? 그런 마음으로 똑같이 해보라. 그토록 원치 않는 현실이 일어나는 것처럼 그 반대도 똑같이 일어난다. 이치는 언제나 간단명료하다. 원리는 무척 간단한 것이어서 여기서 전하는 이 튜닝방법을 경험하게 되면 당신이 원하는 길을 신속히 안내해주려 잠재의식의 엔진이 가동되기 시작한다. **흩어져 있는 산만한 의식이 강력한 응집효과를 일으키기 시작하면서 당신이 진정 원하는 것에 초점을 맞추도록 인도할 것이다.** 이런 의식적 경험은 주의를 집중시키며 목표를 성취하는데 초점을 맞추는 목적의식을 고취시켜주고 목표와의 접근거리를 명확하게 한다. 초점 맞추기는 어떤 목표에 대해 몰입을 해야 하는 상황에서 의식을 집중시키고자 할 때 매우 적절한 방법이다. 초점 맞추기를 하는 과정에서는 다른 사람들의 생각과 말에 지나치게 귀를 기울이지 말아야 한다. 항상 가슴으로 먼저 느끼고 생각하기를 느낌보다 앞서지 말라. 생각은 늘 고객이 상품을 한 번 더 쳐다보게 하는데 관심을 두지만 가슴은 상품의 완성도에 집중하는 차이가 있다. 당신의 작품이 걸작품으로 남아있게 하려면 마음으로 디자인해서는 안 된다.

초점 맞추기에서 얻어지는 효과는 응집상태가 목표와 목적을 분명하게 이끌어 낸다는 점이다. 목표가 설정되었다 함은 이미 당신에게 기회가 주어진 셈이다. 목표가 설정되면 당신의 내면의 열정 흐름의 밸브가 열리면서 추진력과 행동에 필요한 에너지가 끊임없이 조달된다. 즉, 활성화 에너지가 흐르는 통로가 개설된 것이다. 그 통로는 당신이 정한 목표와 링크되어 수평선상에 이르러야 한다. 그래야만 에너지의 흐름이 원활하게 흘러갈 것이다. 만약, 수평선보다 높게 되면 고전을 하게 되고 수평선보다 낮게 되면 마음에 흡족하지 않아 실망을 하게 된다. 그러니 언제나 그것과 수평을 이루도록 틈나는대로 관심을 기울여가라. 수평을 이루고 있는가의 확인은 당신의 느낌으로 충분히 감지가 된다. 마음 역시 편안한 기분으로 임하게 된다면 제대로 흐르고 있는 것이 된다. 어느 순간에 이르면 당신은 마치 비행기의 창을 통해 하늘에 떠 있는 구름을 내려다보는 듯한 느낌을 갖게 된다. 추진과정에서 탄력을 받고 있다는 증거다. 그런 느낌이 언제 올지도 신경 쓰지 말라. 목표가 힘들게 아직도 저 멀리 저 높이 있는 것이 아니라 당신의 손으로 직접 밀가루 반죽을 가볍게 주물러 만들어내듯 목표는 실현 가능한 부드러운 상태로 말랑말랑해진다. 그 일을 할 때 마다 즐거운 마음이 들거나 기분이 더 없이 좋아진다면 당신은 목표의 도달에 빠른 속도로 다가가게 될 것이다. 엔진의 출력이 높아져 주행속도가 탄력을 받게 되는 이치와 같다. 그것이 집필중인 책이라면 한 줄 한 줄의 문장은 독자에게 잊혀지지 않는 불멸의 감동을 선사할 것이다. 한 편의 영화의 시나리오라면 관객을 압도시킬 장면이 상상 속에서 멋지게 연출될 것이다.

   의식적인 초점 맞추기 과정은 마치 망원경의 배율을 조절하여 초점을 맞추고자 하는 대상의 모습을 명확히 확인하고자 하는 조율과정과 유사하다고 볼 수 있다. 초점은 한 곳을 지향하는 성질을 지니고 있다. 또한 초점이 정확히 맺히게 되면 당신이 찾고자하는 것은 조만간 보다 선명하게 모습을 드러낼 것이다. 너무 가깝게 다가가려 애쓰지 말고 적절한 거리에서 사물을 바라보듯 느긋한 마음으로 임하라. 그래야 머리의 생각이 유연하게 움직이고 경직되지 않는다. **초점 맞추기의 과정은 다른 잡념과 불필요한 생각들을 잠시 창고에 가둬두게 하는 부대효과가 있다.** 당신이 초점 맞추기를 잠시 멈추는 순간 이내 그 자리에 다른 잡다한 생각들이 침투할 것이다. 머리는 다시 복잡해지기 시작한다. 그러나 그것에 대해 예민해할 필요는 없다. 사고는 항상 유연한 마음과 친근한 법이다. 잠시 허용해두되 오히려 그런 생각들이 침투하는 것을 휴식시간을 마련하는 것으로 느껴지도록 자연스럽게 받아들여라. 자연스런 그 흐름에 몸을 맡기고 다시금 초점 맞추기에 돌입하기를 잘 습득해두면 당신이 목표를 향해 다가가는데 큰 도움이 될 것이다. **당신이 목표를 추진할 때 생각을 한 곳에 집중하는 습관을 길러두면 그 대상과 강력한 링크가 걸리게 되고, 어느 순간 이미 당신의 것이 되어버린 것처럼 동질화되어 목표가 지척지간에 있는 것으로 느끼게 된다.** 실제 그런 느낌을 갖게 된다. 이것이 초점 만들기로부터 부수적으로 얻어지는 당신에게 주어지는 선물이다. 초점 맞추기는 바로 그럴 때 써먹는 방식이다.

 방법을 찾는데 초점을 맞추는 것이 아니라 목표의 대상에 초점을 맞추는 것이다. 목표를 이룰 방법에 초점을 맞추는 것은 초점을 엉뚱한 곳에 맞추는 것이다. 초점은 늘 목표에 맞추어져 있어야 한다. 방법을 찾으려고 몸부림치며 애쓰지 말라: 방법은 초점을 맞추는 동안 자연스레 어느 날 우연한 기회에 어떤 계기로 그 모습을 스스로 드러내게 되어있다. 신비로운 것은 영감을 통해서 오거나 우연찮은 계기로 당신을 이끌게 한다. **목표의 완성은 상상작업을 통해 시뮬레이션 할 때 최적의 방법이 떠오르게 된다.** 대신 영감이 찾아오는 그 때를 대비하여 마음의 빗장을 활짝 열어두라. 그리고 잠재의식에게 당신의 목표를 실현시키기 위한 아이디어를 필요로 함을 넘겨주라. 그리고 잊어버려도 된다. 이미 그것은 잠재의식의 저 깊은 심연에 저장되어 있다. 그것 때문에 하루 종일 이 생각 저 생각으로 끙끙대지도 말라. 그러면 어느 시점에 불현듯 영감이 떠오르면서 당신이 그토록 찾고자 하는 아이디어나 단초의 실마리가 스스로 그 모습을 드러내 줄 것이다. 목표의 완성시점, 연관을 갖는 사람들, 그것을 이루어줄 방도는 당신이 목표로 다가가는 과정에서 특정계기가 찾아오게 된다. 그러니 오직 목표에 관심을 기울여라. 그 목표의 밑그림을 조금씩이라도 그려나가라.

당신의 목표가 마침내 완수되어지면 남들은 그 때 비로소 주목을 한다. 표면화되지 않은 상태에서 관심을 유도하기란 매우 힘들다. 물질세계에서는 보이지 않는 것을 설명한다든지 설득하려 한다면 힘이 들어간다. 그래서 보이는 것으로 디자인하고 시각화할 때 비로소 이해를 하는 법이다. 당신의 작품이 세상에 선 보이기 전까지는 히든카드로 남겨두라. 당신은 세상과 재미난 게임을 하고 있다. 그 점을 알고 묵묵히 진행해가라. 생각에서 출발한 그것을 표면화하는 과정은 당신의 생각을 시각화하는 것이다. 이 과정은 당신에게 '아무것도 가진 것이 없는 상태인데 어떻게 표면화를 시키는 걸까?' 라는 생각을 들게 할 것이다. 표면화를 하기위한 방법으로 '프레임 끼워 넣기' 가 있다. 프레임 끼워넣기는 캔버스에 완성된 그림이자 당신만의 전체적인 작품의 모습이다. 종이위에 적은 단위 목표의 프레임들과 연결되어진 총체적 다이어그램의 모습만을 표면화시키면 된다. 그런 후 당신이 움직여 나갈 수 있는 것을 허용하는데 까지 의도를 갖고 한 걸음씩 움직여가라. 그것이 확고할 때 주위에서 도움을 주거나 내면의 안내자가 도움을 줄 방법을 인도할 것이다. 절대 다른 곳으로 눈길을 주지 말라. 초점이 흐려진다. 목표는 뚜렷하지만 당신의 마음에 부담감과 불편함을 준다면 목표의 수위를 좀 낮추도록 한다. 최종 목표는 누구에게나 선망의 대상이다. 그러니 한꺼번에 이루려는 욕심을 버려라. 최종 목표가 세상에게 반겨줄 것이라 기대하지도 말라. 오직 당신의 입장을 세상사람들의 입장에 서서 생각하고 목표의 틀을 조정해가라.

  꿈을 구체화시키겠다고 애를 쓰지는 말라. 하루에 몇 차례 그려지는 정도의 한계 내에서 맛보고 기뻐함이 좋다. 내일 또 다른 그림이 추가로 그려지고 보완될 것이다. 그려지는 상황을 종이위에 디자인해가라. 퍼즐 맞추기처럼 서서히 완성된 그림이 드러날 것이다. 프레임 끼워 넣기를 도입하여 셀프 이미징을 수시로 해보는 것은 목표를 당신의 품안으로 들여보내기 위한 유익한 방법이다.

프레임 끼워넣기가 원하는 것에 대한 밑그림을 의식 속에 투영하는 것이라면, 초점 맞추기는 오직 한곳에 사념 에너지를 응집하여 집중시키는 것이다. 마치 레이저의 빔과 같이 퍼지지 않는 일정한 직진성의 빛으로 쏘는 것과 같은 원리이다. 레이저 빔은 목표물에 대해 거리에 관계없이 거의 정밀한 정확도를 갖는다. 마찬가지로 어떤 일을 진행하는데 있어 마음은 수시로 다른 잡념과 또 다른 대상 목표를 생각나게 한다. 그럴 때 당신은 자칫 그동안 세워놓은 대상이 작은 혼란으로 인해 갈팡질팡 오가게 만들 수 있다. 우선순위가 바뀌거나 아애 대상으로부터 제외를 시켜야 한다거나 하는 예정에 없던 돌발 상황과 만날 수 있다. 그럴 때를 대비하여 **초점 맞추기는 이미 초점이 맞춰진 대상의 핵심에서 벗어나지 않게 하기 위해 당신의 집중력을 대상의 핵심과 강력하게 링크를 걸어놓는 작업임을 잊지 말라.** 초점은 항상 추구하는 목표의 대상에 맞춰져 있다. 당신이 하는 일은 늘 핵심을 찾기 위한 노력과 핵심을 타계할 수 있는 생각과 아이디어를 필요로 함을 안다. 인류 역사상 위대한 성과를 냈던

위인들중 아인시타인 박사는 자신의 연구대상에 늘 초점맞추기를 게을리 하지 않았다. 그는 상상력을 동원하여 연구대상의 시뮬레이션과정에서 가정을 통한 단위 프레임의 도출을 성공적으로 이끌어낸 인물이다. 위인들도 생각지 못한 실수를 저지른다. 그들은 실수에서 생각의 전환을 이끌어내는데 남다른 안목을 가지고 있다. **저지른 실수에서 보상을 얻어낸다. 초점 맞추기의 핵심에 접근해가는 과정에서 일어나는 일부 예상치 못한 현상을 문제꺼리로 받아들이지 않고 흥미롭게 바라보는데서 얻어진 결과이다.** 실수조차 긍정적인 단서로 여기면서 오히려 흥미진진하게 그것과 접하기를 회피하지 않았다는 점이다. 그들이 무슨 수로 그것이 성공으로 가는 단서인지 아닌지를 판단할 수는 없다. 실수와 시행착오는 그들에게 단서를 제공하였고 문제를 풀어내는데 결정적인 역할을 하는 빌미를 제공해준 셈이다. 참으로 묘한 것은 그들이 접근하고자 하는 연구대상의 착수는 이미 이루어질 성공 운을 태동시키고 있다는 점이다. 그러니 당신이 하는 일에서도 매사 작든 크든 긍정적인 측면으로 생각의 관점을 전환하는 태도로 일관해 간다면 틀림없이 좋은 결과를 얻을 것이다. 그건 **마치 우연처럼 보이기도 하지만 그것에서 당신은 남들이 못 보는 행운을 마침내 포착하게 된다.** 당신에게도 그런 우연의 좋은 일들이 일어나기를 기대하지만 말고 그런 행운을 태동시키는 시동을 걸고 촉발시켜가라. 성공을 거두는 사람들의 공통적인 특징이란 바로 그것이다.